말할 수 없지만 번역하고 있어요

말할 수 없지만 번역하고 있어요

소얼 지음

세나북스

말할 수는 없지만

"무슨 일 하세요?"

직장이 곧 집인 프리랜서 번역가라 '출근하지 않는' 나를 만난 사람들이 자주 던지는 질문인데 매번 당황스럽다.

"아, 저요. 번역하고 있어요."

동시에 생각한다. 정확히 무엇을 번역하는지는 말할 수 없지만요.

나는 7년 차 프리랜서 일본어 번역가다. 다만 일본어와 번역가 사이에 한 단어를 더 끼워 넣어야 한다. 7년 차 프리랜서 일본어 성인물 번역가.

정확히 2015년 12월부터 이 일을 시작했고 약 7년을 각종 질펀한 효과음과 희고 검은 모자이크, 살빛 향연과 함께했다. 앞으로도 계속 함께할 예정이다. 먹고살기 힘들어서, 다른 일감이 없어서, 피치 못할 사정이 있어서 그런 게 아니라 진심으로 이 일을 사랑하기 때문이다.

주로 작업하는 건 만화와 소설이고 영상 작업은 하지 않는다. 종종 산업 번역 일도 한다. 일반 서적도 가끔 번역하지만 단연 성인물의 비중이 높다.

나는 TL 소설 오타쿠(덕후)이자 현 BL 오타쿠다. TL 소설은 남녀의 성애를 다룬 장르고, BL은 남자들의 성애를 다룬 장르다. 좋아하는 것을 하며 살자는 인생 지침을 가지고 살았을 뿐인데, (19세 미만은 구독 불가능한) 빨간 딱지 붙는 책을 번역하고 있다.

애초에 고등학생 때 여성향 게임(연애 시뮬레이션 게임)에 치여 오타쿠가 되었고 일본어 독학을 시작했기에 '나는 번역가가 되겠어!' 하는 대단한 포부를 가지고 시작한 건 아니다. 그런데 그게 내 성인물 번역 라이프의 시작이 되었다.

아마 지금의 내가 '넌 나중에 커서 빨간책(미성년자 관람 불가 서적의 속칭)을 몇백 권씩 번역하는 사람이 되어 있을 거야'라고 과거의 나에게 말했다면 과거의 나는 이렇게 생각하고 말았겠지.

'저 사람이 미쳤나?'

실제로 내 지인은 이렇게 말했다.

"그렇게 핑크빛 길로 척척 걸어가실 줄 몰랐어요."

사실 나도 몰랐다. 뭐 어떤가. 나는 지금이 너무 행복하고 즐거운데.

내가 아주 좋아하는 〈세 얼간이〉라는 인도 영화에는 이런 말이 나온다.

'너의 재능을 따라가면 성공은 뒤따라올 것이다'

성인물 번역에 재능이란 게 있을까? 모르겠다. 내가 성공한 번역가일까? 그것 역시 모르겠다. 다만 나는 내가 좋아하는 일을 하며 오늘도 부지런히 핑크빛 길로 척척 나아가고 있다. 뒤에 성공이 조심스레 따라오고 있길 바라면서 말이다.

그렇게 오늘도 말할 수 없지만 번역하고 있다.

2023년 3월

성인물과 7년을 동고동락했고 앞으로도 할 예정인

번역가 소얼

※ 일러두기
이 책에 등장하는 책 제목은 모두 임의로 지은 것이며 실제 도서와
무관합니다.

CONTENTS

프롤로그 _ 말할 수는 없지만   004

Part 1 성인물만 번역하는 건 아니지만

일단 오늘도 성인물을 번역 중입니다   014

덕질도 가끔은 도움이 된다   020

전 번역가지 야한 책 마니아가 아니에요   024

Part 2 번역가는 번역가인데

새로운 장르가 온다   032

그런데 정확히 어떤 일을 하시나요?   035

멀쩡한 이름을 대지 못하고   039

대체 제목이 왜 이렇죠? - 제목 번역 에피소드   042

작가님? 작가님! - 일본 작가님과의 에피소드   046

번역한 게 어디 갔지? - 수위 조절과 심의   053

Part 3 우리 번역 이야기를 해볼까요?

번역가로 살고 싶어요   060

산업 번역가를 병행한다는 것   065

심심할 때 나는 구인 공고를 봐   073

현업 번역가가 알려드립니다   077

Part 4 성인물 번역가의 일상

혹시 제가 지옥에 와 있나요?   092

저는 범죄자가 아닙니다   096

당신, 거기 있었군요   098

작가 일을 해보라고요?   103

거절할 수 있을까요?   107

나에게는 소중한 일이에요   110

Part 5 독자 질문 코너 - 성인물 번역, 그것이 알고 싶다   116

에필로그 _ 번역하고 있어요   129

부록 - 성인물 번역 시 자주 쓰는 단어와 표현   132

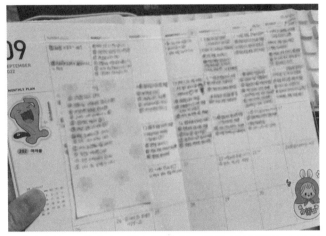

| 번역가의 스케줄러 - 포스트잇에는 해당 월에 반드시 작업
 해야 하는 책들을 보기 쉽게 정리해 둔다

| TL 소설 번역을 그만두면서 원서와 정발본을 나란히 놓고
 찍은 사진이다

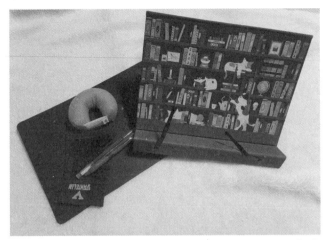

| 자주 쓰는 물건들 - 클립보드, 독서대, 빨간 펜, 손목 보호대

| 매일 작업하는 작업대 - 독서대와 휴대용 조명, 컴퓨터, 키
보드, 버티컬 마우스 등이 있다

Part 1

성인물만 번역하는 건 아니지만

일단 오늘도 성인물을 번역 중입니다

"아……. 하는구나?"

그것(?)이 시작되면 일단 손가락을 풀고 주변을 둘러본다. 가족들은 모두 직장에 다녀서 집에서는 오후까지 혼자다. 그런데도 괜히 눈치를 보게 되는 건 효과음을 끝내주게 번역해야 하기 때문이다.

어제는 성인물을 번역했다. 오늘도 성인물을 번역한다. 내일도 성인물을 번역할 것이다. 앞서 소개했듯 나는 7년 차 프리랜서 일본어 '성인물' 번역가다. 다만 성인물만 번역하는 게 아니니까 성인물'도' 번역하는 번역가가 되시겠다. 하지만 매달 납품하는 번역물의 약 50~70%가 성인물이다.

"아가 두 번 나오고, 앙이 세 번 나오고……."

나도 처음에는 야한 신이 나오면 '어머' 정도는 했다. 하지만 이제는 무덤덤한 얼굴로 신음을 몇 개나 쳐야 하는지 세는 찌든 번역가가 되었고, 7년 차쯤 되니 번역한 19금 도서가 몇백 권에 달하는 업적을 달성했다. 나무를 숨기려면 숲에 숨기라는 말이 있다. 그렇듯 빨간책을 숨기려면 책장으로 가야 하겠지만 이를 어쩌면 좋단 말인가. 책장은 이미 그냥 빨간 숲이 된 지 오래다. 한두 권 정도면 뭐라도 씌워서 가리겠지만 손으로 하늘을 가릴 수는 없는 법이다.

7년의 경력 중 2년은 남녀의 성애를 다루는 TL 소설을 주로 번역했고, 나머지 5년과 현재는 TL 만화와 남자와 남자의 성애를 다루는 BL 만화를 주로 번역하고 있다.

초반에는 정말 하루하루 새로운 표현을 배우고 못 보던 의성어가 나왔다. 의성어, 의태어 및 성인물에만 나오는 단어 때문에 고민이 많았다. 따로 공책을 마련해 두고 모르는 걸 따로 적어두며 나만의 사전을 만들었을 정도다.

그러나 어느 순간 허탈한 느낌이 들어 사전 집필을 그만두었다. 죄다 질척, 질퍽, 철퍽 같은 물소리였기 때문이다.

사실 나는 전 세계의 물소리 효과음을 모으고 있었던 게 아니었을까 싶을 정도로 제법 질펀한 컬렉션이었다.

어느 정도 작업을 하다 보니 의성어, 의태어는 제법 적응했는데 비속어나 은어는 종종 모르는 게 있어서 구글에 검색하다가 험한 꼴을 보는 경우도 많았다. 음부를 뜻하는 은어였는데 그걸 모르고 인터넷에 검색했다가 사진이 필터 없이 나오는 바람에 입이 저절로 쩍 벌어졌었다.

성기를 지칭하는 은어와 음담패설을 일본어로 잘 알고 성인물 쪽으로만 고도로 발전한 번역가는 변태와 크게 구분이 되지 않는 것 같다. 웬만한 일본인보다 내가 성적인 용어는 더 잘 알 것이라고 자부하니까 말이다.

얼마 전에는 이런 일이 있었다. 나는 인터넷 사이트나 설문조사, 전단 같은 것을 번역하는 산업 번역 일도 병행하고 있는데 내게 번역 일을 배정해 주시는 PM(Project Manager)님이 아주 조심스레 연락해 오셨다.

"저기, 죄송하지만 혹시 성인을 대상으로 한 글을 번역해야 하는데, 도움을 주실 수 있을까요? 성적인 용어가 나와서 많이 조사해 보셔야 할 수도 있어요."

"네? 당연히 가능하죠!"

이참에 내가 성인물 서적을 많이 번역해 본 번역가임을 어필했다. 번역 회사는 데이터베이스를 만들어 번역가를 관리하는데, 이 일로 아마 내 데이터에는 '성인물 번역 경험 있음'이라는 내용이 추가되지 않았을까. 따로 말한 적이 없으니 산업 번역 관계자분들은 내가 주로 번역하는 것이 무엇인지 상상조차 못 했겠지. 수상할 만큼 성문화를 꿰뚫고 있는 번역가, 하지만 이쯤 되면 운명이 아닐까?

앞의 이야기를 계속하자면 글을 받아보니 PM님이 말씀하신 그 성적인 용어란 내가 상상했던 것보다 참 조신하고 조심스러운 것들이었다. 역시 성인물 쪽으로 고도로 발전한 번역가는 변태와 크게 구분이 되지 않는 것 같다.

사실 성인물을 번역하면서 힘들지 않았던 것은 아니다. 7년간 참 많은 일이 있었다. 도저히 수위를 감당할 수 없는 작품을 맡아본 적도 있고 주변 사람들에게 뭘 번역하는지 말할 수 없어서 애써 둘러댔던 적도 여러 번이다. 참고로 그 경험이 이 책의 제목이 되었다.

그중 가장 내게 큰 타격을 입힌 것은 TL 소설의 시장 철수였다. TL 소설이 더 이상 국내 시장에서 빛을 보지 못하게 되면서 많은 출판사가 TL 소설 번역 사업을 아예 접었고, 그 바람에 실업자가 될 뻔했다.

사실 처음 번역을 시작할 당시 내가 번역이라는 일에 진지했냐고 묻는다면 그건 아니었던 것 같다. 번역가로서 살아갈 자신감이 너무나도 부족했다. 그래서인지 번역가가 되면서 나 자신에게 3년이라는 기한을 주었다.

'3년 해보고 안 될 거 같으면 그만두자.'

번역가가 되어도 오래 버티기가 어렵다는 말을 많이 들었던 참이었다. 성공하지 못하더라도 이미 직장 생활을 경험해 봤으니 그 경력을 살리든지 아니면 다른 일을 하면 되겠지 생각했다. 하지만 그로부터 약 2년 후, 막상 시장 철수로 거래처의 연락이 끊기고 나니 감정이 울컥하면서 간절함이 들었다.

'안 돼. 나는 계속 번역가로 살고 싶어!'

그때부터 정말 자는 시간만 빼고 구직에 나섰다. 밥 먹으면서도 계속 스마트폰으로는 구직 사이트를 뒤졌다. 지인에게 일감을 소개받기도 하고 내가 직접 이력서를 넣어서 일을 받기도 했다. 내가 아는 모든 번역 회사 및 출판사에 이력서를 뿌리기도 하고, 산업 번역을 이즈음 새로 시작하면서 무려 백 곳이 넘는 곳에 이력서를 돌렸다.

그 시기에 채용해 준 출판사에 이력서와 함께 포트폴리오를 보낸 뒤 이런 말을 들었다.

"참 많은 작품을 번역하셨네요. 이 정도면 괜찮겠어요."

BL을 많이 발간하는 회사의 편집장님이 해주신 말씀이었다.

지금 생각해 보면 '괜찮겠다'는 말은 성인물 번역에 거부감을 느끼는 번역가도 있어서 나는 이미 관련 경력이 많으니 괜찮겠다고 하신 말씀인 듯하다.

"네, 저 잘할 수 있어요!"

그저 뿌듯했다.

그렇게 시간이 흘러 지금에 이르렀고 오늘도 나는 성인물을 번역 중이다.

덕질도 가끔은 도움이 된다

내 번역가 인생은 TL 장르와 떼려야 뗄 수 없이 끈끈하게 붙어 있다. 번역가로서 첫걸음을 TL 소설 번역으로 시작했기 때문이다.

우선 TL을 자세히 소개하겠다. TL? 타임라인(Time Line)? 아니다. TL은 'Teen's Love'의 약칭인데 10대도 볼수 있을 만큼 가벼운 성애 묘사가 들어가는 작품을 가리킨다. 물론 우리나라에서는 예외 없이 빨간 딱지가 붙는다.

우리나라에는 TL 소설과 TL 만화가 주로 발간되는데 TL소설은 이제 신간을 찾아보기 힘든 상태다. 하지만 한때의 붐을 증명하듯 기존에 발간된 서적들이 많으니 관심이 있으신 분들은 찾아보시면 좋을 것 같다.

아무튼 번역가가 되기 전의 나는 TL 소설에 그야말로 미쳐 있었다. 각 출판사에서 내는 TL 소설을 창간작부터 구매해서 꼼꼼하게 재미와 캐릭터성, 스토리성, 야한 정도 등을 비교한 리뷰를 매달 꾸준히 올렸을 정도다. 지금 생각해 봐도 그렇게까지 한 사람은 나밖에 없었던 거 같다. 지금까지 본 작품만 최소 200여 권은 될 듯하다. 덧붙여 번역한 TL 소설만 따져도 56권이다.

부지런하던 덕질은 어느 순간 잠깐 주춤했다. 2016년에 워킹홀리데이로 일본에 가게 되면서 더는 종이책을 사서 볼 수 없는 환경에 놓이게 된 것이다. 하지만 그때 터닝포인트가 찾아왔다. TL 소설을 내는 출판사들의 블로그를 이웃 추가해 두었는데 그중 출판사 세 곳이 'TL 소설 번역가 모집 공고'를 올린 것이다.

원래 장르문학과 연애 시뮬레이션 게임 오타쿠이던 나는 좋아하는 캐릭터의 말을 알아들을 정도로 일본어 실력이 늘어 그때 이미 JLPT 1급을 가진 상태였다. 하지만 일본어 전공자가 아닌 데다 실력에 자신이 없어서 번역가란 직업은 여전히 멀게만 느껴졌다. 그래도 정말 동경하던 직업인 번역가를 좋아하는 TL 소설과 함께할 수 있다? 가슴이 두 근거렸다. 한참 고민했지만 합격하리라는 보장은 없으니 무작정 지원부터 했고 세 곳 중 두 곳에 합격했다.

아직도 잊을 수가 없다. 당시, 다니던 직장의 점심시간 이어서 회덮밥을 먹고 있는데 모르는 번호로 전화가 왔다. 받아보니 번역가로서 함께 일해 보자는 출판사의 전화였 다. 그때 들은 말을 토시 하나 빼놓지 않고 기억한다.

"그…… 리뷰 많이 쓰신 분 맞으시죠? 저도 봤거든요. 지 원하셔서 반가웠어요."

그렇다. 블로그에 뿌려둔 리뷰가 나도 모르는 새 훌륭히 뿌리를 내리고 자라나 열매를 맺은 것이었다. 참고로 다른 한 곳에서도 번역가로서 회사를 방문했을 때 "리뷰 좀 잘 써주세요"라는 말을 들었다. 나는 그냥 덕질을 했을 뿐인 데 그게 번역가가 되는 데 큰 도움을 주었다.

TL은 아니지만 후에도 비슷한 일이 있었다. 어느 날 지 인과 여행을 갔는데 갑자기 출판사에서 전화가 왔다. 무슨 일인가 했더니 모 여성향 게임을 원작으로 한 소설이 있는 데 그걸 번역해 줄 수 있겠냐는 것이었다.

내가 플레이해 본 적이 있는 게임이라 내용을 잘 아는 작품이었고 그걸로 리뷰도 썼었다.

"와, 저 그 게임 알아요. 할 수 있어요!"

그랬더니 이런 대답이 돌아왔다.

"네, 알아요."

네? 어떻게 아시는 거죠? 나중에 생각해 보니 아마 내가 쓴 리뷰를 보신 듯했다. 이렇듯 그냥 덕질을 했을 뿐인데 좋은 기회를 무척 많이 얻었다. 감사하고 또 감사한 일이다. 그리고 그때의 기억이 있어서 지금도 리뷰 이벤트 등에 활발하게 참여해서 인맥을 넓히려고 하는 편이다.

전 번역가지 야한 책 마니아가 아니에요

나는 번역가 생활을 일본 워킹홀리데이와 함께 시작했다. 그런데 문제가 하나 있었다. 번역 일을 하려면 출판사에서 주는 책을 택배로 받거나 이메일을 통해 데이터로 받는다. 특히 소설은 데이터로 주는 경우가 거의 없어서 대부분 종이책을 보고 번역한다. 한마디로 워킹홀리데이 때문에 일본으로 가버리면 택배로 책을 받을 수가 없게 되는 셈이다.

당시의 나는 워킹홀리데이를 위해 직장에 사표를 낸 상태였고 가겠다고 큰소리를 떵떵 쳐놓은 이상 가지 않을 수는 없었다. 또 인생에 한 번뿐인 기회를 포기하고 싶지 않았다. 그렇다고 번역 일도 포기할 수도 없으니 이러지도

저러지도 못하는 상황이었다. 한참을 망설이다가 결심했다.

"출판사에 메일을 보내서 일본에서 직접 책을 구해서 번역하겠다고 말하자!"

워킹홀리데이 가는 곳이 일본이고 일본 원서를 쉽게 구할 수 있는 환경이 아니었다면 정말 울며 겨자 먹기로 어느 한쪽을 포기했을 것이다. 다행히 출판사에서는 내 사정을 듣고 이해해 주셨고, 출판사에서 메일로 책의 제목과 저자명을 알려주면 현지에서 책을 사서 번역하고 번역한 파일만 출판사에 보내는 방식으로 일하게 되었다.

그렇게 많은 분의 이해와 도움 덕에 무사히 일본 워킹홀리데이를 떠날 수 있게 되었으니 이제 남은 문제는 현지에서 어떻게 책을 조달하느냐, 하나뿐이었다. 책을 구하는 건 크게 어렵지 않아 보였지만 문제는 다른 데 있었다.

어느 날 번역 일을 하게 되었다는 말과 함께 내가 번역한 책 〈봉오리는 은밀하게 젖는다〉를 소개하자, 고등학교 동창인 친구가 나에게 이렇게 말했다.

"봉오리는 은밀하게 젖는다……. 그런데 봉오리는 왜 젖는 거야?"

순박한(?) 일반인의 질문이었다. 그러게, 봉오리는 왜 젖는 걸까? 마님은 왜 돌쇠에게 쌀밥을 주었을까를 잇는 또다른 난제 아닐까. 친구에게 육성으로 설명할 수는 없었지만 참고로 봉오리는 음부를 암시하는 말이다. 이렇듯 TL 소설은 남녀의 성애를 다루는 소설이기에 성애 묘사가 들어가는 장르 특성상, 책 제목이 대부분 야시시했다.

〈봉오리는 은밀하게 젖는다〉, 〈주인님의 위험한 애정〉, 〈국왕 폐하는 오만한 애처가〉……. 이런 제목의 작품을 찾아 오사카 난바를, 신사이바시를 수도 없이 찾아다녀야 했다.

정말 눈물이 앞을 가리는 상황이었다. 처음에 아무것도 모르고 무작정 대형 서점에 쳐들어가서 책을 찾았기 때문이다. 당시 TL 소설은 레이블이 여럿 있고 출판사 역시 많아서 매달 새로 나오는 도서가 5~10권씩 되었다. 당연히 대형 서점이라도 책을 다 구비하고 있지는 않았다. 점원이 책을 찾아주면서 책 제목을 복창할 때는 정말이지 얼굴이 화끈화끈했다.

"〈주인님의 위험한 애정〉이요? 찾아보겠습니다."

"아, 네……."

"〈주인님의 위험한 애정〉은 지금은 재고가 없는 책 같은데 예약해 드릴까요?"

대체 서점 직원들은 왜 이렇게 직업의식이 투철한지, 제목을 한 번만 말해도 될 걸 두세 번씩 복창하면서 친절하게 예약 안내까지 해주었다. 그러면 나는 속으로 생각한다. 나중에 또 복창하면서 건네주는 거 아냐? 이렇게 TL 소설을 예약까지 해서 찾아가는 걸 누가 본다면 TL 소설을 정말 좋아하는 사람이구나 했을 것이다. 게다가 새 책은 일반 순정 만화나 라이트노벨보다 비쌌다. 사이즈가 작은 순정만화는 400~600엔인데 TL 소설은 비싼 경우 1,000엔을 넘기도 했다.

나중에는 조금 노하우가 생겨서 아마존 재팬이나 만다라케, 케이북스 같은 중고 책 판매 매장을 유용하게 이용했다. 특히 아마존 재팬은 대부분의 중고 TL 소설이 1엔이고 배송비 몇백 엔만 부담하면 되는 데다 종류까지 다양했다.

그 사실을 나중에야 안 나는 땅을 치며 눈물을 씹어 삼켰다. 그동안 내가 당한 굴욕은 대체 무엇이었단 말인가. 역시 사람은 무식하면 몸과 마음이 고생하는 법이다.

BL을 번역하는 지금은 BL 만화를 참 많이 사서 보는데 만화를 주로 사는 인터넷 서점 멤버십은 늘 높은 등급을 유지하고 있다. 물론 좋아서 보는 것이기도 하지만 대부분이 번역해도 증정본을 주지 않는 출판사의 책을 자비로 소장하거나, 번역할 책이 외전이나 스핀오프면 본작을 사서 보는 것이다.

이 자리를 빌려 강력하게 말하지만 나는 야한 책 마니아가 아니다. 그냥 일하고 있을 뿐이다.

Part 2

번역가는 번역가인데

새로운 장르가 온다

　TL 소설 시장이 한국에서 철수한 후, 나는 TL 만화와 BL 만화를 주로 번역하게 되었다. 일을 찾는 방법은 앞서 말했듯 다양하다. 그냥 현존하는 모든 출판사의 이름을 적어 두고 무식하게 하나씩 이력서와 포트폴리오를 돌렸다. 문의 게시판 혹은 공식 SNS 계정 DM(다이렉트 메시지)으로 혹시 번역가 구하지 않으시냐고 질문을 남기기도 했다.

　잡코리아, 사람인 등에서 닥치는 대로 출판사 및 번역회사를 찾아서 이력서를 넣었다. 번역가로서 구직하는 방법은 뒤에 더 자세히 언급하기로 하겠다. 아무튼 그렇게 닥치는 대로 찾은 곳이 TL 만화와 BL 만화를 주로 번역, 발간하는 출판사였다.

새로 계약한 출판사에서 나에게 조심스레 물었다.

"수위가 있는데 괜찮으시겠어요?"

번역가 중에는 성인물 번역을 하지 않는 사람도 있는 줄 안다. 하지만 번역가 데뷔를 성인물 번역, 즉 TL 소설로 한 나에게 거절이란 어불성설이었다.

"당연히 괜찮습니다!"

사실 이 정도로 괜찮아도 되나 싶을 정도로 괜찮았다.

그러나 당시의 나에게 낯선 세계가 있었는데 바로 BL이었다. 난 애초에 BL을 보지 않는 사람이었다. BL 오타쿠가 된 지금은 주기적인 BL 충전이 없으면 살 수 없는 몸이 되어 버렸다. 나는 2018년부터 BL을 보기 시작했다. 비교적 최근이다. '저 사실 BL 본 지 몇 년 안 됐어요'라고 말하면 다들 깜짝 놀라신다. BL을 보게 된 계기는 일 때문이었다.

TL 소설만 발간하던 출판사에서 BL 소설도 내보려 한다면서 BL 소설 번역을 제안하셨고, 정말 BL이 'Boy's Love'의 줄임말이라는 정보만 알고 그 제안을 받아들였다.

정작 BL 소설은 얼마 번역하지 않아서 13권 정도에 그쳤는데, BL 번역의 세계가 넓어진 것은 한 BL을 중점적으로 다루는 회사와의 만남이 계기였다.

그 회사와 함께 일하면서 BL 만화를 100권 넘게 번역했고 여러 시리즈를 맡게 되면서 그 수가 점점 늘고 있다. 오죽하면 다른 업체에서 내 BL 만화 이력을 보고 BL 만화를 많이 번역하셔서 BL 만화 번역은 신뢰해도 되겠다고 말했을 정도다. 회사명 때문에 현대인의 지능을 BL로 개발한다는 평을 듣는 그 회사가 개발한 것은 현대인의 지능뿐만이 아니었다. 내 이력서 개발에도 혁혁한 공을 세웠다. 나의 BL 만화 역서가 100권을 찍었을 때 숫자를 세어 보니 그 회사 책이 약 6~70권 정도였으니 말이다.

그 밖에도 BL을 전문으로 출판하는 곳이 두 곳 더 있어서 총 세 곳, 그리고 TL 만화를 주로 의뢰하는 곳이 한 곳 더 있어서 현재 고정 계약사 일곱 곳 중에서 절반 이상이 성인물을 내는 곳이다. 그저 소설에서 만화로, TL 중심에서 BL 중심으로 장르가 바뀌었을 뿐, 나는 오늘도 부지런히 성인물을 번역 중이다.

그런데 정확히 어떤 일을 하시나요?

직업이 프리랜서다 보니 시키는 일은 다 하는 편인데 이제까지 해본 일들을 줄줄이 나열해 보면 다음과 같다.

소설 번역, 만화 번역, 산업 번역(상당히 포괄적이지만), 산업 번역 리뷰, 출판 번역 감수, 영상 싱크 맞추기, 트랜스크립션(텍스트를 받아 쓰는 것), 데이터 오코시(データ起こし, 원본이 상실된 이미지 등에 있는 텍스트를 그대로 받아 옮기는 것), 저서 집필, 시나리오 집필 등…….

갑작스러운 고백이지만 사실 어릴 적에 공부를 잘하는 편은 아니었다. 그런데 시키는 건 잘하는 애였다. 그나마 다행이라고 해야 하나, 시키는 건 곧잘 한다.

소설 번역은 5년 전까진 TL 소설을 번역했고 지금은 라이트노벨을 중심으로 번역하고 있다. 아무래도 소설이다 보니 번역 작업하는 기간이 길어서 1년에 2~3권이 나오면 많이 나왔다 하는 정도다. 그래서 업무에서 매우 비중이 낮은 편이다. 라이트노벨은 주로 소년을 주인공으로 하는 액션물, 러브 코미디를 많이 번역하는데 최근에는 백합이라고 불리는 여성과 여성의 사랑을 중심으로 한 작품도 번역했다. 장르물 출판 분야는 그때그때 트렌드가 다른데 요즘은 백합물이 눈에 자주 띄는 것 같다.

만화 번역은 TL 만화나 BL 만화를 많이 작업하고 일반 소년만화나 순정 만화 같은 것도 작업한다. 매달 10권은 넘게 작업 중인데 아쉽게도 거래처가 전자책만 전문으로 출판하는 곳이 꽤 많다. 왜 아쉽냐면 전자책만 출판하는 곳은 번역가의 이름을 실어주지 않기 때문이다. 그래서 포트폴리오에는 꾸준히 내가 이런 작품을 번역했다고 올리고 있지만 그냥 봐서는 내가 번역했다는 티가 잘 나지 않는다.

만화 번역은 번역만 주야장천 하는 것이 아니라 작업 프로세스에 따라 할 일이 다양하다. 어느 날은 성기 모자이크할 부분을 체크하고 있고, 어느 날은 효과음을 번역하고 있고, 어느 날은 책에 페이지를 적고 있다. 간단하게 만화 번역 과정을 설명하자면

1. 출판사에서 책이나 파일을 택배 혹은 이메일로 받는다
2. 번역 작업을 진행한다
3. 책이나 파일을 택배 혹은 이메일로 보낸다

어찌 보면 매우 간단하다. 처음에는 번역물이 제대로 도착했는지 의심스러워서 출판사에 계속 물어보기도 했다. 초보이기에 할 수 있는 실수겠지.

출판 번역 감수는 최근에 시작한 일이다. 출판사에서 다른 번역가가 작업한 번역물을 보내주면 맞춤법이나 수정이 필요한 부분을 체크하는 등 그 파일을 감수해서 다시 보낸다. 주로 모자이크가 덜 된 부분을 찾아내거나 맞춤법이 잘못된 부분을 수정하는 식이다. 가끔 일본어가 남아 있거나 일본어가 덜 지워진 부분을 찾아내서 지워 달라고 메모를 남기거나 번역이 안 된 부분을 번역해서 보내기도 한

다. 이 일은 사실 포트폴리오에 '출판 번역 감수'라고만 올리고 정확한 작품명은 올리지 않기 때문에 포트폴리오에 크게 도움이 되진 않는다. 하지만 원래 책 읽는 걸 좋아해서 여러 작품을 볼 수 있다는 점을 보고 시작한 일이라 지금도 즐겁게 하고 있다.

주로 하는 일은 위와 같은데 번역 작업이라고 해서 단조롭게 번역만 하는 건 아니고 가끔 영업도 하고 독자분들과 소통하거나 새로운 일에 도전하는 등 소소한 변화가 있다. 지금 이렇게 책을 써서 내는 일도 새로운 도전 중 하나이다.

멀쩡한 이름을 대지 못하고

"이름은 어떻게 하실래요?"

번역 일을 시작하기 전에 받은 질문이다. 아마 성인물을 많이 보신 분이라면 종종 누가 봐도 사람 이름이 아닌 듯한 번역가 이름을 보셨을 것이다. 일을 시작하면서 들었지만, 기존에 번역 일을 하던 사람도 성인물을 번역하게 되면서 이름을 바꾸는 케이스가 많다고 한다. 나는 성인물을 시작으로 성인물이 아닌 장르까지 영역을 넓힌 사람이라서 반대로 가명을 쓰다가 본명을 쓰게 된 특이한 케이스다.

출판 분야는 성인물만 번역하는 경우는 매우 드문 것으로 안다. 성인물을 많이 번역하는 나 같은 사람은 또 있을지 몰라도 말이다. 여기에서만 말하는 거지만 원래는 계속

'소얼'이라는 이름만 쓸 예정이었는데 출판사에서 실수로 본명을 올려버리는 바람에 그때부터는 본명도 쓰고 있다. 지금은 소얼은 성인물 번역가 명에, 본명은 성인물이 아닌 작품에 쓴다.

이런 일도 있었다. 나야 성인물을 번역하는 이 일을 사랑하기에 당연하지만 다른 사람들이 받아들여 줄지는 별개의 일이다. 특히 부모님이라면 본인의 자녀가 성인물을 번역한다는 것에 거부감을 드러낼 수도 있다. 그래서 한참 망설이다가 항상 내 번역물을 보고 싶어 하시는 어머니에게 솔직하게 털어놓았다.

"엄마, 나 성인물을 번역하고 있어."

하지만 어머니는 조금의 망설임도 없이 바로 이렇게 말씀하셨다.

"네가 성인인데 무슨 상관이니?"

마음속으로는 어떠셨을지 모르겠지만, 그리고 결국 작품을 보여드리진 못했지만 정말 감사한 일이었다. 내 주변 사람들은 대부분 네가 성인인데 그게 무슨 치부가 되냐는 반응을 보였다. 성인물이라고 하면 편견을 가질 수도 있는데, 내 직업을 이해하고 받아들이는 사람이 이렇게 많다는 사실이 감사했다. 오히려 내가 BL을 번역해서 좋다는 지인들은 본 거 같다. 그때는 정말 크게 웃었다.

사실 본명이 실수로 올라갔을 때는 많이 당황했지만, 성인물을 번역하는 걸 긍정적으로 봐주는 사람들이 주변에 더 많기에 본명을 올려버린 것을 사과하는 편집자님께

"저 원래 번역가 명을 바꾸려고 했었어요. 괜찮아요."

라고 할 수 있었던 것 같다.

지금은 가까운 사람들에게 서서히 성인물을 번역하고 있다는 사실을 밝히고 있는데 반응이 하나같이 백미다.

"이런 건 대체 어떻게 번역해? 신기하다!"

"아, 그렇구나. 굉장하다."

"그랬구나. 말해줘서 고마워."

축복받은 환경에서 일하고 있다고 매일 생각한다.

대체 제목이 왜 이럴죠? - 제목 번역 에피소드

책 제목 번역에 관해 이야기해 보려 한다. 당연한 이야기일 수도 있는데 책 제목을 정하는 방법은 대체로 둘 중 하나다. 첫 번째, 내가 직접 번역한다. 종종 내가 번역한 것에서 출판사가 다듬기도 한다. 두 번째, 출판사에서 정해준다. 이 경우는 내가 책 제목 번역을 아예 건드리지 않는다. 간혹 책 제목이 이상하다고 말이 나오는 경우를 봤는데, 사실 책 제목도 일본 출판사에 컨펌을 받아야 해서 여러 주체의 다양한 사정이 있다.

TL 만화는 특히 원래 책 제목에서 많이 바뀐다. 직역하면 지나치게 번역투가 되어버리거나 말이 어색하게 바뀌어 버리는 탓이다. 직역을 예로 들자면 '그의 손가락, 유혹

적인 탐닉~ 지나치게 민감한 내 몸에?!~' 이런 제목이다.

요즘은 특히 문장형, 장문 제목이 유행이어서 TL이든 BL이든 제목이 긴 경우가 많다. 위의 제목을 '남친의 야릇한 손길' 정도로 고쳐놓는 걸 보고 처음에는 혀를 내둘렀다. 언어의 마법사인가? 저 난해한 제목을 쉽게 이해할 수 있게 고쳐놓으셨네! 하면서 말이다. 앞서 말한 것 중 두 번째인 출판사에서 제목을 정한 케이스다.

이 케이스는 사실 안 좋은 점도 있다. 경력이 바로 프리랜서의 힘이고 기댈 벽이기에 그 경력을 담는 포트폴리오는 무척 중요하다. 나도 포트폴리오 관리를 철저히 한다. 매일 하루 한 번씩 전자책을 유통하는 사이트를 체크해서 번역한 책의 판매가 시작되면 포트폴리오에 올릴 정도로 꼼꼼히 체크한다.

그런데 제목이 너무 많이 바뀌면 못 찾는 경우가 생기는 것이다. 심지어 번역한 지 오래된 작품은 줄거리를 봐도 내가 번역한 줄 모르고 그냥 넘기는 일도 생긴다. 이렇게 고생고생해서 작업했는데 이름이 바뀌어서 못 올린 작품만 여럿 될 거 같다. 실제로 지금은 같이 일하다가 그만둔 지 3년이 지난 업체에서 마지막으로 했던 작업물이 언제 올라오나 기다리고 있는데 제목이 바뀌어서 못 찾는 건지, 아니면 발간이 취소된 건지 좀체 모르겠다.

BL은 그래도 직설적인 제목이 많아서 대부분 제목을 그대로 옮기는데, 번역한 작품 중 하나에 욕설이 들어갔다. 바로 'くそ(쿠소, 한국어로 쓰레기, 제길, 망할이라는 뜻)'였는데 그 욕설을 일본어 발음 그대로 넣어야 하는지 건전한 쪽으로 돌려서 번역해야 하는지 아니면 차라리 영어로 해서 퍼킹으로 번역해야 하는지라는 세 가지 선택지를 두고 많이 고민했다. 결국 건전한 쪽으로 돌려서 번역하는 길을 택했는데, 출판사에서 해당 제목에 퍼킹을 넣는 쪽으로 바꿔놓았다.

나중에 들어 보니 출판사에서도 제목에 욕설을 넣어야 하나 말아야 하나 망설임이 많았다고 한다. 이는 첫 번째, 그중에서도 출판사에서 내가 번역한 제목을 손본 경우다.

일본 작가님들은 한국어를 못 읽는 분이 대부분이라 번역한 작품의 번역을 두고 뭐라고 하시는 일이 드물다. 보통 한글이 귀엽다고 하는 정도가 다다. 그런데 최근에 이런 일이 있었다. 모 작품의 후속권이 나오면서 제목에 再(두 재)가 붙었는데 '다시, 두 번, 거듭, 재차'라는 뜻이다. 처음 책을 받아보자마자 난 그걸 '다시'로 해석해야겠다고 생각했고 그렇게 작업해서 보냈다.

그런데 후에 책을 확인한 작가님이 트위터에 이런 트윗을 남기셨다. 보통 번역본이 나오면 일본 출판사에 증정본이 가고 그걸 출판사에서 작가님께 보내드리는 방식으로 전달된다.

"재(再)라는 한자를 '다시'로 해석한 걸 보아 한국은 의미를 우선시해서 해석하는 것 같네요."

일본의 컨펌 과정은 잘 모르겠지만 출판사는 분명 일본 출판사의 허가를 받았을 것이니 제목이 잘못되거나 업무상의 문제가 있는 것은 아닐 것이다. 다만 작가님께서 제목을 언급하는 경우가 드물어서 신기했다. 어쨌든 나는 만약 과거로 돌아가더라도 그 작품의 제목을 '다시'로 번역할 것 같다. 왜냐하면 한자를 모르면 '재'가 무슨 뜻인지 사람들이 모를 수 있기 때문이다.

작가님? 작가님! – 일본 작가님과의 에피소드

제목을 언급하신 분은 드물었지만 내용을 언급하신 분은 더더욱 드물었다. 아마 대부분 작가님이 한국어를 못하시기 때문이겠지. 이렇듯 안 그래도 드문 일인데 내게 평생 잊을 수 없는 기억을 안겨주신 분이 있다.

어느 날 트위터를 하고 있는데 타임라인에 웬 일본어로 된 트윗이 하나 흘러 들어왔고 자세히 보니 내가 번역한 BL 만화의 작가님이셨다.

작가님은 'ちんちん(친친, 남성의 음부를 의미한다)'이 한국어로 무엇인지를 탐구 중이셨고 전 세계 언어로 친친을 뭐라고 하는지 알고 싶다고 하셨다. 지금 생각해도 참 탐구심이 강하신 분이다.

내용은 좀 더 이어졌는데 증정본으로 내가 번역한 한국어판 도서를 받으신 후, 번역기로 돌려서 보는데 친친 부분이 다 '그것'으로 나와서 이상하다는 것이었다. 죄송하지만 그 자리에서 한참을 웃었다. 생각해 보니 BL을 번역할 때 해당 단어를 '그것'이나 '아래쪽', '하반신' 등으로 돌려 번역해서 생긴 일인 듯했다. 애초에 대놓고 성기의 속칭을 쓰는 경우가 한국에서는 많이 없는 줄 안다. 따로 약속한 것도 아닌데 대부분의 번역가가 성기를 노골적인 단어로 번역하지 않는다.

원래 직역하면 어떤 단어이고 속어이기 때문에 보통 우리나라에서는 이렇게 돌려서 번역한다고 설명하며 지나가던 번역가라고 나를 소개했다.

"직역하면 '○○'인데 대부분 이렇게 '그것'이나 '이것'으로 번역해요. 속어라 전체적으로 잘 안 쓰거든요. 멋진 작품 감사합니다. 지나가던 번역가였습니다. 정말 감사합니다."

"소얼 씨……! 졸작을 번역해 주셔서 감사합니다. 이렇게 얘기를 나눌 수 있어서 영광이에요!!"

작가님은 트위터상의 만남에 매우 놀라시면서 그런 내

트윗을 인용 리트윗해 주셨다. '이분이 저의 친친을 번역해 주셨어요!!'라면서 말이다. 네? 너무 놀라워서 정말 작품을 번역한 번역가가 맞는지 찾아보려고 판권까지 확인하셨다고 한다. 작가님을 비롯해 많은 트위터 이용자가 이 만남에 놀라워했지만, 누구보다 놀란 것은 아마 돌연 성기를 번역한 사람으로 대중에 소개된 내가 아니었을까.

나중에 알고 보니 작가님께 '직역하면 어떤 단어인데 우리나라는 그렇게 하지 않는다'라고 알려준 한국인 독자분이 여럿 있었던 모양이다. 하지만 작가님이 리트윗까지 해준 사람은 나밖에 없었다. 그래서 나는 그분의 친친을 번역한 것에 자부심을 갖기로 했다. 후일 편집장님이 내 트윗을 보고 엄청나게 웃으셨다는 얘기를 듣기 전까지는 말이다……. 그 기적적인 만남은 내 번역가 인생에서 유쾌한 에피소드로 남아 있다.

또 이런 에피소드도 있었다. 역시 트위터에서 있었던 일인데, 일본 작가님이 전자책으로 선공개된 서적을 능숙한 한국어로 소개하며 홍보하고 계셨다. 그래서 그걸 리트윗하면서 지나가는 말처럼 '우와, 작가님이 한국어를 정말 잘

하시네요'라고 올리고 작가님 계정을 아무 생각 없이 눌렀
더니 한국어로 된 짤방(인터넷에서 이목을 끌기 위해 올리는
재미있는 사진이나 그림 등을 일컫는다)이 있는 게 아닌가.
보통 헤더(트위터 상단을 장식하는 이미지)에 일본 작가분
이 한국어 짤방을 걸어두진 않을 텐데!

　너무 놀라서 '이분 한국분이세요?!'라고 트위터에 올렸더
니 지나가던 선배 번역가분이 '저도 전에 번역해 봤는데 한
국분 맞는 거 같아요'라고 답해 주셨다. (역시 한국의 지나
가던 사람은 아는 게 많다)

　한국 작가님이 일본어로 내신 작품을 번역해 보는 게 처
음이었기에 놀라웠다. 한국인이 일본에 진출한 한국 작가
의 작품을 일본어에서 한국어로 번역했다는 게 재미있었
던 에피소드였다.

　또 코로나19가 유행하기 직전에 한국 애니메이트(일본에
본점을 두고 있는 애니메이션, 만화 관련 상품 판매 체인점)
에서 일본 작가님의 유료 사인회를 진행한 적이 있는데 지
인과 그 이벤트에 참가했다. 당시 내가 번역한 작품의 국
내 발간본과 더불어 한정 제작한 아크릴 + 사인회 참가권

을 묶어서 판매했던 것으로 기억한다.

처음 가보는 사인회에 설렘을 안고 작가님에게 드릴 선물과 편지를 준비해서 갔는데, 그 선물을 직접 전해드리진 못하고 모아두는 곳에 따로 두라고 해서 뒀었다.

이벤트는 간단한 토크와 질문 코너 등으로 진행되었고 마지막에 사인을 받았는데 내가 작가님께 드린 말은 바로 이거였다.

"愛しています(사랑합니다)……."

"告白(고백)……!!"

옆에 계시던 담당자분이 고백이라고 말하며 입을 틀어막으셨는데 그 리액션이 재미있었다. 따로 번역가라는 걸 말씀드리긴 그랬다. 흔히 말하는 내돈내산(내 돈 주고 내가 산)이었는데 혹시나 스태프가 동원됐다고 생각하실까 염려스럽기도 했고 어색할 거 같기도 해서 말이다.

또 다른 에피소드도 있다. 한국어 증정본을 받았다고 트위터에 인증하신 일본 작가님이 계셨는데 개인적으로 그 작품을 너무 재미있게 작업해서 '작가님의 작품을 보고 감동했습니다. 이렇게 좋은 작품을 내주셔서 감사합니다'라고 글을 남긴 적이 있다. 그리고 번역의 '번' 자도 꺼내지 않았는데 이런 답글이 달렸다. '혹시 번역해 주신 분이신가요? (아니시라면 죄송해요) 읽어주신 것도 감사한데 그렇게 말씀해 주셔서 감사합니다'라는 내용이었고, 같이 올리신 사진에는 판권의 '번역 : 소얼' 부분에 동그라미가 그려져 있었다. 트위터 닉네임도 성인물을 번역할 때 쓰는 이름인 '소얼'이라서 판권의 이름과 매치시키신 듯했다.

이런 경우가 처음이었기에 너무 놀란 한편, 알아봐 주셔서 너무 기뻤다. (그 보답은 아니지만) 한동안 감격에 차서 작가님의 작품들을 많은 한국 독자분에게 영업해 작가님에게 또 다른 감동을 선사했다는 소소한 후일담이 있다.

사실 작가님께 번역가로서 말을 거는 일은 매우 드물다. 대뜸 제가 당신 작품을 번역했다고 나서는 것도 너무 뜬금없게 느껴지고 나도 무척 소심하기 때문이다. 아마 편집장님도 나의 이런 소심한 성격을 알고 있는데 돌연 트위터에서 '친친은 ○○예요!'라고 외치는 걸 보고 그렇게 웃음을 터트리셨던 게 아닐까 한다.

작가님들께 트위터를 통해 종종 생일 축하를 드리거나

번역가임을 알리지 않고 감상을 보내는 정도인데 그때마다 반갑게 받아주시면 괜히 기쁘다.

　비록 사는 나라는 다르지만 한 하늘 아래 언어로 이어져 있다는 느낌을 받으면 번역가 이전에 독자로서도 기쁘다.

번역한 게 어디 갔지? – 수위 조절과 심의

이 일을 오래 하다 보니 심의 TMI까지 알게 되곤 한다. 사실 모든 수위 조절과 심의는 대부분 출판사의 편집 과정에서 이뤄지기에 번역가는 크게 관여하지 않는다. 우리나라는 심의 기준이 일본보다 더 엄격해서 음부의 체모가 나올 수 없음은 물론이고, 음부를 더 꼼꼼하게 모자이크해야 한다. 수위 조절을 위해 대사가 일부 수정되거나 장면이 잘리거나 수정되는 경우도 있다.

앞서 말한 것처럼 음부를 직접적으로 지칭하지도 않는다. 예를 들어 난교를 단체 ○○ 파티(절대 가고 싶지 않은 파티다)로 표현하는 등……. 전에 모 출판사에서는 '변태'라는 단어를 지우자고 한 적이 있었다. 모 TL 만화에서 여

자주인공이 남자주인공에게 너는 나를 'おかずにして拔く 變態(번역하면, 나를 생각하며 자위하는 변태)'라고 하는 신이었다. 다른 건 다 그렇다 쳐도 변태가 무슨 죄가 있다고? 내가 너무 찌든 것인지 출판사가 너무 엄격한 것인지 구별조차 안 되는 상황이었다. 나는 결국 메일 창을 열었다.

'변태라는 단어는 남자주인공의 캐릭터 특성이니 꼭 지켜주셨으면 합니다!'

다행히(?) 그 의견이 받아들여져 결국 그 신은 변태라는 단어만 살았고, 나는 남자주인공의 변태성을 지켰다. 대신 남자주인공은 2D 캐릭터로서의 인권을 상실했다…….

같은 작품이어도 종이책과 전자책의 대사가 달라질 수 있다. 아동·청소년의 성보호에 관한 법률, 줄여서 아청법의 적용 대상은 전자기기, 통신매체를 통해 전달되는 화상, 영상 같은 데이터이기 때문이다. 종이책은 사전 심의 등으로 예방이 가능하다는 이유로 대상에 해당하지 않으나, 종이책을 스캔하거나 전자책으로 발간하면 마찬가지로 아청법 적용 대상이 된다.

예를 들어 '우리도 벌써 고등학생이잖아'라는 대사가 나온다면 종이책에서는 그대로 들어가도, 전자책에서는 '우리도 벌써 성인이잖아' 같은 식으로 수정될 가능성이 크다.

누가 봐도 교복 비슷한 것을 입고 있는데 작중의 내레이션, 대사 등으로 성인임을 부자연스러울 정도로 강조한다면 심의 때문에 수정된 것이다. 선생님은 교수님으로, 수업은 강의로, 수학여행은 MT 등으로 바뀌고는 한다. 말 그대로 눈 가리고 아웅 같지만 이렇게 하지 않으면 발간 자체가 힘들 수 있다고 한다.

이런 단어 변경은 출판사에서 하는 경우가 대부분이어서 나는 원서 그대로 번역해서 보내는데, 간혹 처음부터 단어들을 변경해 달라고 요청이 오기도 한다. 다만 7년 차인 지금은 제법 경력이 쌓였기에 잘릴 것 같은 단어나 장면을 어느 정도는 예상할 수 있다. 그래서 처음부터 단어를 돌려서 번역하는 식으로 작업해서 줄 때도 있다.

그 밖에도 자극적인 설정이나 지나친 설정이 들어가는 작품은 편집 과정에서 순화해야 한다. 전에 TL 소설을 번역했을 때 남주인공이 밤이면 사자가 되는 설정의 작품을 받은 적이 있었다. 여주인공과 결혼해서 사자가 된다는 걸 비밀로 하고 있다가 나중에야 밝히고 그 사자가 된 상태에서 함께 밤을 보내는 장면이 있었는데, 나중에 책을 받아보니 그 장면이 완전히 날아가고 없었다. 그것도 모르고 한참 내가 번역을 안 했던가? 하면서 찾아 헤맸었다. 나중에 알고 보니 수간(獸姦)은 허용이 안 돼서 통째로 들어낸 것이었다. 편집부에서도 참 난감했을 것이다. 그때 처음으로 심의의 존재를 강하게 인식했다.

Part 3

우리 번역 이야기를 해볼까요?

번역가로 살고 싶어요

2017년에 일본 워킹홀리데이가 끝난 후 한국으로 돌아왔고 일본에서 하던 번역 일에 매진했다. 번역 경력이 3년 차에 접어들던 당시 나와 계약한 출판사는 두 곳이었다.

그러나 TL 소설 붐이 끝나고 출판사가 더는 TL 소설을 발간하지 않으면서 한 곳과는 인연이 끝났다. 거래처가 두 곳일 때와 한 곳일 때의 생활은 너무나도 달랐다. 급하게 이곳저곳에 이력서와 포트폴리오를 만들어 돌렸다. 밥을 먹으면서도 자기 전에도 이동 중에도 각종 구인 구직 플랫폼을 보면서 번역가로서 살아남기 위해 노력했다.

새로운 업체를 찾을 때면 출판사든 번역 에이전시든 번역가들은 대부분 샘플테스트를 거치게 된다. 번역 실력은

두말할 것 없이 중요하고, 업체의 작업 방식에 맞출 수 있는지도 꽤 중요하다. 나만 해도 지금까지 겪어본 작업 방식이 참 다양하다. 지금까지 써본 툴의 종류를 보면 워드, 한글, 포토샵, 엑셀, PDF이다. 그중 엑셀이 가장 특이했던 거 같다. 엑셀 칸에 번역할 대사의 원문 일부와 번역문을 입력하는 방식이었다. 아마 식자 작업자분이 헷갈리지 않게 일부를 적는 작업이 들어가는 듯했다. 워드는 만화의 이미지에 맞춰 칸을 그린 뒤, 대사가 있는 위치에 대사를 입력하는 식으로 작업했다.

하지만 이렇게 번역해서 보내도 워드 한 장당 받는 비용은 아주 처참했다. 당시 만화 번역이 처음이었기에, 평균 단가를 모르고 받았던 돈이긴 하지만 정말 새콤하고 달콤한 과일 맛 캐러멜 하나 정도였다. 물론 경력이 쌓인 지금은 그 회사와 일하지 않는다.

잠시 다른 이야기로 빠지자면 이 회사는 흔히 말하는 하청 업체였는데 나에게 무리한 요구도 꽤 많이 했다. 지금이라면 저는 못 하겠다고 당당히 말하고 거절했겠지만 당시는 그게 뜻대로 되는 시기가 아니었다. 시리즈물 8권의 번역을 의뢰하면서 참고용으로 보라고 준 책은 1권과 7권 딱 두 권이었고, 번역문을 보기 힘들다며 일일이 포토샵으로 글자에 스트로크(외곽 테두리)를 입혀 달라는 요구를 하기도 했다. 번역과는 정말 무관한 작업인데 이유가 '자기 눈에 안 보여서'라니. 그때는 정말 한참을 울다가 도저히 함께 일할 수 없을 거 같다고 솔직히 말했고, 업체는 그 말을 듣더니 그러면 그냥 안 해줘도 괜찮으니 계속 일해 보자고 했었다. 솔직히 그 말에 더 충격을 받았던 것 같다. 나는 몇 날 며칠을 고민하다가 말한 것인데 업체에서는 그렇게 쉽게 '안 해도 돼요'라고 해버린 거니까. 그 '안 해도 그만'인 일 때문에 정말 한참 울고 고민했는데 말이다.

사실 경력이 꽤 쌓인 지금도 시리즈물의 번역을 이어받을 때 앞 권을 받지 못하거나 스핀오프의 본편을 못 받는 경우는 제법 있다. 스핀오프의 경우 본편이 있다는 걸 놓치거나 본편과 거의 무관한 책도 있으니 그럴 수 있지만, 보통은 앞 권이 있느냐 없느냐가 다음 권 번역에 많은 영향을 미친다.

그래서 이제는 당당히 요구한다. 앞 권이 필요할 거 같으니 달라고 말이다. 물론 그렇게 말하기 전에 미리 챙겨주는 업체도 있다.

또 성인물을 번역한다고 해서 특별히 돈을 많이 받는 건 아니다. 애초에 번역 회사에서 '성인물'과 '성인물이 아닌 것'을 모두 번역할 수 있는 번역가를 찾기 때문이다. 물론 성인물과 성인물이 아닌 것의 번역비는 동일하다.

오히려 반대의 경우는 있었다. 성인물임에도 단가가 더 낮았다. 번역가로 일한 초기이기도 했고 TL 소설은 다른 라이트노벨이나 문학들처럼 자리를 잡지 못한 분야였기에 상당히 단가가 저렴했다. 소설 1권에 얼마처럼 권 당으로 받은 적도 있고 원고지 200자 기준으로 장당 ○○원처럼 매절로 받은 적도 있는데, 둘 다 낮은 건 매한가지였다. 라이트노벨은 일반서, 일반적인 소설이나 문예 서적 등에 비해 단가가 낮은데 (거의 절반 정도인 줄 안다), TL 소설은 그 라이트노벨보다 더 낮았으니 말은 다 한 셈이다.

번역 1년 차에는 일본에 있어서 한국에서 내 앞으로 온 모든 우편물을 부모님이 대신 확인해 주셨다. 한 번은 세금 신고 안내문을 보시고 내 1년 수입을 부모님이 아셨는데 많이 걱정하셨다. 정말 이 정도 수입으로 네가 먹고살 수 있겠냐, 괜찮겠냐고 말이다.

하지만 7년 차인 지금은 그때의 약 5배를 벌고 있다. 원체 그때 적게 벌었기 때문이기도 하지만, 그만큼 지금은 자리를 잡았다고 할 수 있겠다. 오해가 없도록 다시 언급하면 번역가를 처음 시작할 때 거의 최저 비용을 받고 일했지만 그렇게라도 기회를 얻게 되어 너무 행복했다. 지금도 그런 시기가 없었다면 지금의 내가 없다고 생각한다.

TL 소설 번역 이력으로 또 다른 일을 찾았고 그 일의 이력을 통해 또 다른 일을 찾고 그 일이 무한대로 반복되었다. 그렇기에 나는 지금도 TL 소설 번역 일을 주신 출판사와 편집부에 무척 감사드리고 있다.

지금도 내가 농담 삼아 하는 말이 나는 인천과 서울 동작구 상도동(나를 번역가로 처음 일하게 해준 두 출판사가 있는 곳이다)에 절을 드리며 살아야 한다는 것이다. 덕분에 나는 오늘도 번역가로 살아가고 있다.

산업 번역가를 병행한다는 것

앞에서 언급했듯 TL 소설 발간이 끊기면서 거래처 하나가 사라지는 바람에 급하게 거래처를 찾아 나섰는데 그때 처음으로 산업 번역가에 도전했다.

산업 번역! 말로만 들어봤지 감히 도전해 보지 못한 새로운 영역이었다. 하지만 먹고살기 위해서 일을 찾던 시기였기에 물불 가리지 않고 팔을 걷어붙였다. 당차게 기본 비즈니스 일본어를 구글링으로 배우고 일본어 이력서를 작성해서 닥치는 대로 돌렸다.

사실 이력서를 백 곳 정도 돌렸는데 답이 온 곳은 고작 열 곳 남짓이었다. 그나마도 실제로 일을 준 곳은 두 곳뿐이었다. 회사를 찾는 데 활용한 사이트는 다음과 같다.

구글

https://www.google.co.jp/

일본 번역연맹

https://www.jtf.jp/

헬로워커

https://www.harowaka.com/translator/interpreter/

이 밖에도 정말 다양한 키워드로 검색해서 회사를 찾았다. 오늘은 요코하마에 가고 싶은 기분이니까 요코하마 번역 회사로 검색하고, 그다음 날은 센다이시 향토 음식을 봤으니까 센다이시 번역 회사로 검색하는 식이었다.

그렇게 나날이 키워드를 바꿔서 검색하는 '놀이'를 하며 즐기듯이 이력서를 투척했더니 의무로 먹고살기 위해 하는 일이 아니라, 즐거운 게임 같아졌다. 물론 나의 자기 세뇌일 수도 있지만 말이다.

100개의 이력서를 돌리는 그 과정이 전혀 고되지 않았다. 그렇게 찾은 업체와는 지금까지도 원만하게 지내고 있고 말이다.

내가 산업 번역 분야에서 주로 번역하는 것은 설문조사, 식당, 여관 사이트 등이다. 출판 번역가로서 처음 접해본 산업 번역의 세계는 정말 넓은 데다 신비로움 그 자체다.

무엇보다 큰 차이는 번역 프로그램을 사용한다는 것이었다. 번역 프로그램도 종류가 꽤 다양하지만 트라도스, 메모큐 등이 가장 유명한 것으로 안다. 그동안 내가 이 편리한 프로그램 덕을 보기는커녕 존재조차 몰랐던 것은 출판 번역은 프로그램을 이용할 수 없기 때문이다. 번역 프로그램에 원문이 든 파일을 넣고 번역하는데 출판 (만화) 번역은 텍스트 추출본을 주는 것이 아닌 한 책을 직접 보고 번역한다.

산업 번역은 번역만 있는 것이 아니라 다양한 종류의 일이 있는데 그중 하나가 번역 리뷰이다. 한 업체에서 처음부터 유독 나에게 번역 리뷰 일을 많이 맡겼는데 처음에는 많이 당황했다. 리뷰어(혹은 체커)는 다른 번역가가 번역한 결과물이 원문과 대조해 이상한 부분이 없는지, 문제가 없는지 체크하는 일이다. 내 실력에도 자신이 없는데 남의 번역을 체크하라고요? 처음에는 그렇게 생각했다.

내 주변에 있는 다른 번역가분도 자기는 남의 흠을 잡는 거 같아서 리뷰 일을 꺼린다고 하셨는데 (오해가 없도록 말하자면 그분은 내가 리뷰어를 많이 한다는 사실을 모르셨다)

하지만 이제는 생각이 바뀌었다. 사람은 누구나 실수를 하고, 사람이 할 수 있는 실수를 또 다른 사람이 바로 잡는 일종의 상부상조라고 생각한다. 물론 내가 번역할 때도 마찬가지다.

산업 번역은 페이가 비교적 후한 편인데, 단가를 대충 말하자면 번역에는 자당 2~4엔을 주고 리뷰어에게는 그 절반 정도를 주는 게 일반적이다. 물론 분야와 경력에 따라 단가는 천차만별이니 참고만 하시길 바란다.

산업 번역 리뷰어 일도 경력이 꽤 쌓이니 번역가들이 자주 틀리는 부분의 공통점이 보이기 시작했다.

1. 역문의 기호가 전각으로 입력되어 있음 (우리나라는 반각을 쓴다)

2. 띄어쓰기를 두 번 이상 함

3. 고유명사일 경우, 공식 표기와 어긋남

특히 나 같은 경우 오스트레일리아를 매번 호주로 수정하고 있다. 대사관과 관광청 사이트에서 모두 호주라고 하기 때문이다. 주로 신빙성 있는 공식 계정의 표기를 활용하고 있다. 혼용이 되고 있다면 '조금 더 검색 결과가 많은 쪽으로 번역했다, 공식 사이트의 번역을 참고로 했다'라는 식으로 메모를 남기면 된다.

4. 외래어 표기법에 어긋남

일본어의 경우 같은 글자라도 어두(맨 앞)에 오느냐 어중, 어말(중간, 끝)에 오느냐에 따라 표기가 달라진다. 이게 참 까다로워서 최근에도 府中(ふちゅう)의 표기로 거듭 문의가 들어온 적이 있다. '후추'로 번역해서 보냈는데 모 사이트에서는 '후츄'라고 표기하는 것 같으니 확인해 달라는 것이었다.

ちゅ의 경우 어두에서는 '주'가 되고 어중, 어말에서는

'추'가 되기 때문에 후추가 옳은 표기다. 혼용되고 있는 것 같지만 외래어 표기법으로 따지면 후추가 옳은 표기라고 이유를 설명했다.

5. 일부 번역문의 경우 태그가 들어가는데 그걸 지움

예시

당신은 〈span class="bold"〉〈font color="red"〉최근 1년 이내 〈/span〉〈/font〉다음 시설을 이용하신 적이 있습니까?〈br/〉 해당하는 것을 선택해 주십시오.

위 예시에 있는 영어들을 '태그'라고 한다. 이 태그를 지워버리면 문제가 생길 수 있으므로(프로그램이 실행되지 않는 등), 반드시 원문에 맞춰서 태그를 넣어주어야 한다. 특히 게임 번역의 경우 태그가 중요한 것으로 안다.

이 정도만 확인해도 기본적인 실수는 막을 수 있다. 그러나 이토록 수많은 케이스에 단련된 나조차도 당황케 한 일이 있었으니, 그것은 없는 것 빼고는 다 있다는 대륙(중국)에서 들어온 번역 리뷰 의뢰였다.

번역가가 누군지는 모르겠으나 'レトルトご飯'이라는 원문을 누가 '햇반'으로 번역해 놓은 것이다. 그걸 보는 순간 내 안에 있던 모든 언어 지식이 붕괴하는 기분이었다. 많이 당황했지만 침착하게 '인스턴트 밥'으로 수정했다.

다른 사례는 술 관련 번역이었는데 '술의 맛이 두터워서 일품입니다'라고 번역해 놓았다. 내 평생 두터운 맛의 술을 마셔본 적이 없는데, 아마 '깊이 있다'로 번역되어야 하지 않았을까? 이때도 꽤 황당했다.

다른 사례가 하나 더 있다. MTPE라는 일이 있다. 기계번역, 즉 번역기(번역 프로그램)를 돌려서 나온 번역 결과물을 사람이 다시 체크해서 수정하는 것이다. 사실상 수정해야 할 부분이 많아서 재번역 수준이고, 단가에 비해 수고가 꽤 많이 들기에 꺼리는 사람도 있는 줄 안다. 나도 어떤 한 사건 이후로 극도로 피하게 되었다.

舞鶴(마이츠루, 일본의 지명이다)라는 원문이 '재두루미'가 되어 있는 걸 보고 정말이지 이건 아니다 싶었다. 鶴를

번역기가 두루미로 인식해서 벌어진 사태였고 그 이후로
난 MTPE 일을 받지 않는다. 또 사실 MTPE는 번역가들 사
이에서 논란이 좀 있다. 재번역 수준인 데 반해 단가가 지
나치게 낮기 때문이다. 누구든 힘들게 일하는데 푼돈을 받
고 싶진 않은 게 당연하겠지.

출판 번역과 산업 번역은 같은 번역이라도 이처럼 작업
을 하는 데 있어 많은 차이점이 있다. 그래서 늘 당황스럽
지만 내가 정말 좋아하는 파스타집의 메뉴를 일본어에서
한국어로 번역해 달라는 의뢰가 들어왔을 때는 혼자 배시
시 웃었다. 앞으로 한국어 메뉴판을 보면 내가 번역한 글
이 있을 것이라는 생각에 행복했다. 출판 번역과 달리 산
업 번역은 역자의 이름을 올릴 수 없지만, 산업 번역 역시
소소한 재미가 있는 매력적인 일이다.

심심할 때 나는 구인 공고를 봐

심심하면 구인 공고를 막 찾아본다.

번역 일 구하기, 즉 이력서를 넣는 방법은 크게 두 가지가 있다. 출판사의 SNS 등을 통해서 이력서 넣기와 구인구직 플랫폼에 올라온 공고에 이력서 넣기이다. 이력서는 일반적인 양식을 써도 된다. 사실 번역가를 찾을 때 경력을 가장 중요시하기 때문에 자기소개서 없이 이력서, 포트폴리오만 제출하는 게 일반적이다.

또 새로운 출판사가 눈에 띄면 매의 눈으로 캐치해서 그 출판사의 정보를 알아본다. 어떤 분야의 책을 출판하는 곳인지, 어느 정도의 규모인지(개인 출판사일 경우 출판사 대표님이 번역을 담당하는 경우가 많다), 한 달에 몇 권 정도의 책을 내는지 등.

실제로 BL 만화를 출판하는 신생 출판사에 내가 먼저 혹시 번역가를 찾지 않으시냐고 물어봐서 일을 시작하게 되었고 그곳과는 지금도 함께 일하고 있다. 이렇게 공고를 안 내도 쳐들어간다는 무모한 방식으로 찾은 업체는 총 두 곳이다. 현재 내 고정 거래처가 총 일곱 곳인 걸 생각하면 결코 수가 적지 않다.

위와 같은 이유로 일거리가 충분한 편인 지금도 언제든 새로운 업체에 지원할 수 있도록 꾸준히 반년에 한 번씩은 이력서를 업데이트하고 포트폴리오는 새로운 작품이 공개되는 족족 바로 업데이트한다.

내가 국내·국외에서 번역 관련 일 찾는 방법을 정리하면 다음과 같다.

국내에서 찾는 방법

① 국내 구인 구직 사이트의 어플을 모두 다운로드, 번역 관련 키워드가 들어가는 구인 공고는 알림이 오게 해놓음.

② 동종 업계 커뮤니티(출판 혹은 번역)에 보이는 족족 가

입. 역시 알림 기능이 있으면 알림 오게 해놓음. 프로필 올리는 곳이 있다면 프로필을 간략하게 작성하여 올려놓음. 자기소개와 경력, 연락처 정도만 적으면 된다.

③ 구글에 일한 번역, 일본어 번역, 만화 번역 등으로 검색함.

④ 내가 관심 있는 장르나 많이 번역한 장르의 신작 중, 새로운 출판사 책이 보이면 그 출판사에 대해 알아보고 공식 계정 혹은 메일 등으로 번역가 찾지 않으시냐고 문의한다.

국외에서 찾는 방법

① 구글 혹은 야후 같은 외국 사이트에서 일한 번역, 일본어 번역, 만화 번역 등으로 검색한다. 나는 주로 일본 구글, 일본 야후 사이트에서 일본어나 영어로 검색한다.

② 프로즈(https://www.proz.com/) 등의 사이트에 프로필을 올린다.

내가 국내 업체와 주로 일하기 때문에 국외 업체 정보가 상대적으로 부실함에 많은 양해를 부탁드리는 바이다.

구직 중이 아니더라도 내가 심심하면 구인 공고를 찾아본다고 한 이유는 따로 있다. 평균 요율이나 업체에서 주는 마감 기한을 평소에도 자세히 보고 평균을 내놓으면 나중에 실제 내가 업체와 계약을 협의할 때 도움이 되기 때문이다. 그래서 나와 계약하지 않은 번역 업체나 출판사라도 몇 군데는 번역료가 어느 정도인지 안다. 또 그 업체에서 요즘 어떤 사업을 진행하려는지 알 수 있어서 좋다.

내가 좋아하는 책『몬테크리스토 백작』에는 이런 구절이 나온다.

'Wait and hope (기다려라, 그리고 희망을 가져라)'

내 블로그 이름 '기다리고 희망하라'도 여기서 따왔다. 언젠가 좋은 기회가 오기를 기다리고 희망하며 준비하는 것, 항상 이것을 잊지 않으려 애쓰고 있다.

현업 번역가가 알려드립니다

이번 챕터의 마무리로 번역일과 번역가에 관해 궁금할 것 같은 내용을 질문과 답으로 정리해 보았다.

▶ 번역 작업 과정은 정확히 어떻게 되나요?

출판사별로 작업 방식이 다르지만 앞표지, 뒤표지, 속표지, 띠지 등을 번역하고 본문을 번역한 파일을 워드나 포토샵 파일(PSD) 등으로 보낸다. 내가 가장 자주 쓰는 방법은 출판사에서 준 만화책에 빨간 펜으로 대화 칸에 번호를 매기는 것이다. 그리고 워드에 그 번호에 해당하는 번역문을 적어서 완성본을 보내는 식이다. 이런 경우 번호를 매긴 책을 돌려보내야 해서 출판사와 택배도 주고받게 된다.

번역을 마친 후, 일단 오타가 없는지 한 번 눈으로 훑고 두 번째는 맞춤법 검사기를 돌린다. 그리고 세 번째는 다시 한번 내용을 쭉 읽어 보면서 어색한 부분을 수정한다. 사실, 보다 보면 끝이 없어서 적당한 수준에서 끊어 보낸다.

▶ 출판사별로 작업 방식이 다른가요?

앞서도 말했지만 출판사별로 납품하는 방식이 다르다. 워드 파일로 납품하는 곳이 있는가 하면 포토샵 파일(PSD)로 납품하는 곳이 있고, 엑셀로 납품하는 곳이 있는 등 매우 다양하다.

산업 번역에서는 주로 워드, 엑셀, 파워포인트가 쓰이고 지금 나와 일하는 출판사에 납품할 때 주로 쓰는 파일 확장자는 Docx(워드), PSD(포토샵), PDF(어도비 애크로뱃), Hwp(한글)다.

게다가 업체별로 어떤 업체는 대사에 들어가는 … 뒤에 점을 찍지 않고 어떤 업체는 찍는 등 번역 가이드가 다 다르다. 예를 들어 '오늘은 좀 졸려서…'라는 대사가 있다고 치자. 같은 대사라도 '…' 뒤에 점을 찍는 업체에는 '오늘은 좀 졸려서….'로, 점을 찍지 않는 업체에는 '오늘은 좀 졸려서…'로 작업해서 보내야 한다.

어떤 업체는 성기(모자이크가 필요한 부분)를 내가 표시해 보내야 해서 털 하나 살 한 점 놓치지 않게 빤히 모니터를 보고 있다. 어떨 때는 이런 내 행동이 기이하기까지 하다. 이렇게까지 열심히 봐야 하나? 하지만 봐야 한다.

업체별 번역 가이드는 헷갈리지 않도록 꼭 적어두고 계속 보다 보니 외워져서 이제는 편하고 자연스럽게 하고 있다. 번역 작업을 할 때마다 파일을 새로 생성하는 게 아니라 틀을 만들어 두고 거기에 기입만 하면 되도록 해두었고, 마지막에 체크할 수 있게 체크리스트를 만들어 놓아서 이제는 실수를 잘 하지 않는다. 아무래도 고정 거래처 절반 이상이 4년 이상 함께한 곳이라 더더욱 실수할 일이 없는 것 같다.

▶ 번역할 때 필요한 게 있다면 무엇이 있을까요? 현재의 작업 환경도 궁금합니다.

출판 번역가로서는 클립보드와 빨간 펜, 독서대가 꼭 필요하다. 클립보드는 책에 뭘 써야 할 때만 쓰는데 책을 고정해서 흔들림이 없게 해준다. 빨간 펜은 책에 번호를 매길 때 필요하고, 독서대는 번역할 책을 고정할 때 유용하다. 손목 받침이나 버티컬 마우스, 기계식 키보드, 휴대용 조명도 필요하다.

번역가 생활을 오래 해서 점점 아이템이 늘어나고 있는데 일단 가장 기본적인 아이템은 앞서 언급한 세 가지(클립보드와 빨간 펜, 독서대)다.

가족과 함께 살지만 다들 직장이 있어서 오후까지는 집에 혼자 있기 때문에 집이 비는 시간에 부지런히 작업한다. 특히 성인물 번역은 가족이 없는 시간대를 노려 계획적으로 한다.

15인치 노트북(더 작으면 화면 보기가 힘들다)에 손목을 위해서 버티컬 마우스, 기계식 적축 저소음 키보드, 팜레스트, 손목 보호대, 팔목을 받치는 용도의 쿠션을 따로 쓰고 있다. 독서대는 길이 조절이 가능한 스탠드형을 쓰고 철제라서 번역용 메모 같은 것도 여럿 붙여놓았다.

▶ 평소 번역과 관련해서 공부하는 방법이 있다면?

주로 번역하는 장르의 책을 정말 열심히 본다. 전에는 TL 소설을 열심히 읽었는데 요즘은 BL 만화를 중심으로 독서하고 있다. 주로 효과음이 어떻게 번역되었는지 유심히 살핀다. 다른 장르도 마찬가지지만 흥미로운 번역이 보이면 이게 원문이 무엇일지 생각해 보기도 한다.

전에 TL 소설을 보다가 '쫀쫀한 입술'이라는 번역문을 본 적이 있는데 그게 아직도 기억에 남는다. 이렇게 남의 번역을 보면서 배우는 점이 많다.

지금은 업체의 번역 감수 일도 하고 있어서 더더욱 다른 번역가분의 작업물을 볼 기회가 많은데 메모와 비교는 정말 좋은 공부법이다. 특히 책을 많이 읽다 보면 맞춤법도 더 잘 알 수 있다.

또 내 번역의 교정본을 보는 것도 공부가 된다. 성인물이 아닌 일반 라이트노벨도 번역하고 있는데 늘 업체에서 교정본을 보내오면 그걸 통해 잘못된 부분을 확인하면서 또 공부한다. 맞춤법을 제법 많이 안다고 자신했는데도 아직도 틀리는 부분이 있어서 충격을 받고는 한다.

▶ 번역하는 책을 고를 수도 있나요?

번역하는 책을 고를 수는 없다. 딱 한 번, 내가 모 BL 만화를 좋아한다는 걸 아신 편집장님께서 그 작품을 내게 맡겨주신 적은 있지만 그건 특별한 케이스였다. 같은 작가의 작품을 한 번역가에게 고정으로 주는 경우는 있는 것 같다.

책이 언제 어떻게 들어오는지도 알 수 없다. 모 작품이 1권, 2권이 나온 상태였는데 내가 1권을 번역해서 한국에서 정식 발매되었다. 나중에 책을 보니 광고로 '2권 2021년 하반기 발매'라고 적혀 있어서 옆에 있던 일행에게 이렇게 말했다.

"나 2권 하반기까지 번역해야 하나 봐."

간혹 출간이 급하니 빠르게 작업해 달라고 미리 연락받는 경우를 제외하면 무슨 작품을 언제 맡을지 알 수 없다. 꼭 랜덤 박스 같아서 출판사에서 메일이나 택배를 통해 책을 보내줄 때마다 설레는 마음으로 확인한다.

개인적으로도 BL 만화를 좋아해서 상당히 많은 원서를 사서 보는데 의뢰작과 겹치는 경우는 매우 적다.

또 출판작 선정에 번역가는 전혀 개입하지 않는다. 하지만 간혹 편집부와 친분이 있는 경우 번역가가 책을 추천하는 경우는 있다고 한다.

▶ 마감 기한은 어떻게 되나요?

보통 소설은 1~2달이 주어지고 만화책은 7~10일이 일반적이다. 전에 내가 마감을 정해서 업체에 알려주었는데 일하다가 어느 순간 너무 힘들어서 마감일을 다시 체크해 봤더니 실수가 있었다. 해당 작품은 만화여서 마감을 권당 6일 간격으로 정해놨었는데 마감을 다음과 같이 정한 것이다.

1권 마감 : 1~7일

2권 마감 : 7~13일

3권 마감 : 13~19일

......

계속 하루씩 겹쳤다. 보통 작업을 마치면 다음 날부터 시작하기 때문에 2권 마감 기한을 8~14일로 말했어야 하는데 말이다. 어느 순간 알아채고 슬쩍 고쳤는데 다행히 담당자님이 별말씀 없으셔서 안도했다.

▶ 번역가에게 명함이 필요한가요?

명함은 기본 서식을 사용해도 되고 인쇄 비용도 정말 저렴한 편이다. 사실 2년 전에 만든 명함 100장을 아직 다 뿌리지 못했지만, 출판사에 갈 때마다 명함을 건네니 상당히 편했다. 명함에는 내 이름과 직업, 연락처, 이메일, 스카이프(해외용)가 적혀 있다. 집 주소와 포트폴리오에 접속할 수 있는 링크는 스티커 형식으로 따로 뽑아서 필요한 경우에만 명함에 붙여서 사용한다.

업체 중 한 곳이 담당자분이 여럿 계셔서 해당 담당자분에게 메일을 드려야 했는데 한 번 회사에 가서 명함을 드리고 나도 그분들 명함을 받아오니 서로 의사소통하는 데 불편함이 없었다. 그때처럼 명함을 만들길 잘했다고 생각한 적이 또 없는 것 같다.

▶ 번역 분야별로 다른 점이 있나요?

이제껏 작업해 본 분야는 크게 소설 번역, 만화 번역, 산업 번역 세 가지다.

소설 번역은 어려운 단어가 많고 일상생활에서 대화할 때 쓰는 구어(口語)보다는 주로 글에만 쓰는 문어(文語)나 과거에 썼으나 현대에서는 쓰지 않는 사어(死語)도 나온다. 분량이 길다 보니 나도 오타를 자주 내고 심지어 작가님도 종종 오타를 내는 경우가 있다. 예를 들자면 주인공 이름이 소피였는데 갑자기 에메랄드라고 나와서 황당했던 기억이 난다.

만화 번역은 주로 말풍선이나 내레이션으로 이뤄져 있기에 구어체를 많이 쓴다. 그래서인지 '~다'로 끝나는 경우가 드물게 느껴졌다. '~했다고'가 원칙인데 '~했다구'를 쓰기도 하는 등, 원칙을 어기더라도 적당히 허용한다. 가끔 딱딱한 문법을 벗어나는 경우가 보이면 신선함을 느낀다. 아무래도 소설보다 짧아서 다양한 장르를 맡게 된다. 또 구어체로 번역한다는 특성 때문에 새로운 용어나 유행어가 나오기도 한다.

산업 번역은 가장 깐깐하게 원칙을 따지는 분야다. 출판 번역에서 이름이 '치노'라면 나는 그냥 치노로 번역한다.

하지만 산업 번역에서는 이름을 '지노'라고 번역해야 한다. '츠츠이'일 경우는 '쓰쓰이', '모짜렐라'가 아니고 '모차렐라'라고 번역해야 한다. 외래어 표기를 딱 맞게 지켜야 해서 깐깐하다는 느낌을 받은 것 같다. 또 소설과 만화보다 전문적인 정보를 많이 다루기 때문에 특정 전문 분야를 전공했거나 전문적으로 공부한 이력이 있다면 유리하다.

▶ 번역가라는 직업 할 만한가요?

자주 받는 질문인데 1년 만이라도 무슨 일이 생기든 버틸 용기와 힘이 있다면 가능하지 않겠느냐고 답하곤 한다. 누군가에게 번역은 할 만한 일이어도 누군가에게는 그렇지 않을 수 있다. 할 만한 일이라는 게 명확하게 있다면 다른 사람들도 모두 그걸 했겠지.

솔직히 나도 '다음 생은 이과로 살겠다'라는 농담을 종종 할 정도로 번역가 일을 하면서 힘든 경우가 있다. 물론 이과도 이과 나름의 고난이 있겠지만 말이다.

연락을 무시당할 때도 있고 샘플 테스트에 탈락하거나, 일이 안 들어오기도 한다. TL 소설처럼 지금 하는 분야가 사업을 접어버리면 어쩌나 불안해하는 게 하루 이틀 일이 아니다. 일이 없으면 없는 대로, 일이 많으면 많은 대로 버겁기도 하다. 번역가는 고정 수입을 보장할 수 없다는 점도 힘들다.

거래처를 뚫으려면 항상 업체와의 첫 만남이니 늘 낯설고 두렵다. 다만 뭐든지 시작 없는 것은 없기 때문에 눈 딱 감고 이력서를 던져보는 것이다. 이 일은 거절과 수용, 두려움과 기쁨이 함께하는 일이다.

▶ 일을 그만두게 될 경우 꼭 챙겨야 할 것은 무엇일까요?

꼭 해촉 증명서를 발급받을 것을 추천한다. 건강보험료는 전화번호 1577-1000(2023년 현재 기준), 국민연금은 전화번호 1533(2023년 현재 기준)으로 문의해서 해촉 증명서 발급받을 곳을 안내받으면 된다. 2021년에 업체 여럿과 연락이 끊겨서 더 의뢰할 일이 없다면 해촉 증명서를 발급해 달라고 요청했는데 다행히 모두 발급해 주었다.

총 세 곳의 해촉 증명서를 보낸 후 건강보험료 2만 원이 하향 조정되었다. 또 당연하지만 그만두게 되더라도 기밀

유지가 필요한 번역물이 있다. 이런 번역물은 주로 산업 번역에 많은데 기업 내부적인 내용을 번역 의뢰하는 경우가 있고 그걸 번역하는 번역가는 그 내용을 일절 발설해서는 안 된다.

Part 4

성인물 번역가의 일상

혹시 제가 지옥에 와 있나요?

TL 사업은 약 2019년 정도에 한국에서 철수했다. 한동안 TL 소설을 번역하지 않다가 감사하게도 거래처 높으신 분의 소개로 TL 소설을 약 3년 만에 번역하게 되었다. 오래전에 계약해 둔 책이 있어서 발간해야 하는데 그나마 가장 최근까지 TL 소설을 번역했던 것이 나여서 소개하신 듯했다.

그리고 나는 그 출판사의 이름을 듣는 순간, 잠시 일시 정지했다.

"아! 이 출판사 비뚤어진 사랑을 테마로 하는 작품을 내는 레이블하고 독점 계약한 곳이잖아! 이 레이블 작품 좋아하는데 너~무 재미있겠다!"

TL 소설은 레이블이 여럿이고 레이블별로 내세우는 캐치프레이즈가 다른데, 해당 레이블은 위험한 사랑을 내세우는 곳이었다. 그걸 아직 내가 다 기억하고 있다는 게 놀라웠다. 한 번 덕후는 영원한 덕후인 모양이다.

예상했던 것처럼 택배로 온 책들은 해당 레이블의 책들이었고 세 권 정도 되었다. 아무리 그래도 과거와는 경력이 다르기에 그때 그 단가를 받고 일을 맡지는 않았다. 그것만으로도 왠지 뿌듯했다.

작업 순서를 적어 보내주셔서 그대로 작업을 진행했는데 오랜만에 보는 단어들이 반가운 동시에 신선함마저 느껴졌다. 내 느낌상 TL의 묘사는 조금 시적이고 보석이나 꽃 같은 것을 예로 드는 데 반해, BL의 묘사는 비교적 직설적이기 때문이다.

BL 작품에는 드레스나 보석, 외국 문화, 파티 이런 묘사가 자세히 나오는 일이 드물다. 가난한 서민은 캐노피 침대의 존재를 TL 소설을 통해 배웠다. 영화 미이라에 나오는 아낙수나문(작중에서 세티 1세의 정부이며 이모텝의 연인)밖에 모르던 이집트 문화를 나에게 알려준 것도 TL 소설이었다. 그렇게 모슬린 드레스가 나오고 티타임이 나오고 멋진 신사 숙녀가 나오는 작품을 신나게 번역하는데 뭔가 이상했다. 아무리 오랜만이라지만 처음으로 잡은 작품이 아무리 작업을 해도 끝이 나질 않았다.

"어? 이거 페이지로는 330쪽가량 되는데 왜 이렇게 긴 거 같지?"

그 느낌이 100쪽을 넘기고 200쪽을 넘긴 후에도 계속 이어졌다. 보통 소설들은 8~10만 자가량 되는데 이 작품은 그걸 한참 넘길 듯했다. 그런데 쪽수로 보면 결코 그 길이가 담길 수 없었다. 한참을 의아해하다가 같이 온 다른 작품을 펼쳐보고 나서야 그 이유를 알게 되었다.

"엥? 왜 자간이랑 행간이 다른 거 같지? 폰트 크기도 다른데?"

그렇다. 자간, 행간, 폰트 크기, 그 세 가지가 모두 조절되어 있었다. 한마디로 작품이 길어서 페이지를 줄이기 위해 출판사에서 꼼수를 쓴 거였다. 그 사실을 안 나는 흡사 도토리를 벼랑에서 떨어뜨린 다람쥐가 된 심정이었다. 어쩐지 너무 힘들더라니! 오랜만이어서 힘든 게 아니라 물리

적으로 힘들 수밖에 없었던 거다.

의뢰해 온 작품 세 권 중 다행히 다른 두 권은 여타 소설들과 자간, 행간, 폰트 크기가 비슷했고 그 작품이 제일 길었다. 먼저 힘든 고비를 (나도 모르는 새) 얼렁뚱땅 넘기고 나니 그다음에는 크게 힘들지 않았다.

그 후로 TL 소설을 번역하는 일이 다시 들어오진 않았지만 오랜만에 번역하는 TL 소설에 내 집에 돌아온 편안함을 느꼈다. TL 소설 사업을 철수할 때부터 한 생각이지만, 언젠가 다시 TL 소설이 국내에 들어온다면 꼭 다시 일을 받고 싶다. 유행은 돌고 돈다니까 말이다.

저는 범죄자가 아닙니다

어찌 보면 당연한 이야기지만 성인물은 야한 것만 있는 게 아니다. 공포물이거나 폭력성 때문에 성인물로 분류되기도 한다. 사실 공포물이거나 폭력성 때문에 성인물 판정을 받은 작품을 아직 맡아본 적은 없다. 공포물은 몇 번 받아봤지만 그렇게 정도가 심하지는 않았다. 엄청난 겁쟁이여서 그 공포물을 번역할 때조차 옆에 귀여운 굿즈들을 두고 번역하면서 계속 안구 및 멘탈 정화 작업을 진행했다.

또 조금 뜬금없지만 나는 반드시 이유 있는 죽음을 맞기로 결심했다. 내가 돌연사하거나 사고사하는 일은 최대한 없게 할 것이다. 그 이유는 이것이다.

"사체 유기인가? 시체 유기인가?"

직접 하려는 게 아니다. 공포물 작업 중에 시체를 유기하는 캐릭터가 나와서 이걸 시체 유기라고 하나 사체 유기라고 하나 도저히 알 수가 없어서 검색했다. 아무도 뭐라고한 적 없고 심지어 검색창도 그냥 멀쩡히 결과를 보여주었는데 혼자 찔렸다.

"제가 하려는 게 아니라…… 무식해서 그렇습니다."

이렇듯 누가 듣는 것도 아닌 변명을 하는데 사실 이런 경우가 하루 이틀이 아니다. 수많은 음담패설을 검색하고 위험한 단어를 검색한 이 컴퓨터, 풍문으로 듣자 하니 의문사한 사람은 컴퓨터 하드를 뜯어본다길래 농담 삼아 지인들에게 이런 말을 하곤 했다.

"나는 꼭 곱게 죽을 거야……."

무시무시한 말이지만 나의 강력한 희망 사항이다.

당신, 거기 있었군요

다른 번역가분들은 어떤지 모르겠지만 작품 리뷰를 꽤 자주 챙겨보는 편이다. 리뷰를 보면 번역에서 어떤 점이 잘못되었는지 알 수 있기도 하다. 실제로 시리즈물을 중간부터 바통을 이어받아 번역했는데, 독자분들이 호칭이 잘못되었다고 리뷰에 적어 주셔서 그다음 권부터는 수정했었다. 나는 원문대로 한 거였고 기존 역자분이 원문과 다르게 한 데다 자주 나오지 않는 등장인물이라 그런 실수가 생긴 거였다. 아마 리뷰를 보지 않았더라면 평생 몰랐을 거다.

우리나라 사람들을 해학의 민족이라고 하던데 SNS를 보면 정말 그런 거 같다. 리뷰를 보면서 말 그대로 빵 터진 적이 한두 번이 아니다.

전에 이집트를 배경으로 한 TL 소설을 번역한 적이 있는데 전에 TL 소설을 번역할 때는 꼬박꼬박 역자 후기를 남겼다. 그래서 역자 후기에 '저는 이집트에 대해 아낙수나문밖에 모르는데 갑자기 이집트가 배경인 작품이 와서 당황했다'라고 적었더니 독자분이 '나도 아낙수나문밖에 모르는데'라고 공감하면서 한참 웃었다고 해주셔서 기쁘고 감사했던 기억이 난다.

종종 리뷰를 찾아보다가 먼저 말을 거는 경우도 있다. 한 소년 만화의 여주인공 이름이 'ようこ(요우코)'였는데 외래어 표기법상 해당 이름은 '요코'로 번역되어야 한다.

그런데 독자분이 요우코라는 이름이 더 마음에 드는데 왜 요코로 번역했냐고 이상하다고 리뷰를 남기셨길래, 그냥 아무 생각 없이 트위터 답글로 '외래어 표기법상 어쩔 수 없었어요. 봐주서서 감사합니다'라고 변명 아닌 변명을 남겼다. 그랬더니 대뜸 그 독자분께서 자기가 죽을죄를 지었다며 사과하셔서 너무 당황한 나머지 '네? 아니요. 왜 그러세요?'라고 답했었다. 먼저 말을 걸면 당황하시는 경우가 많아서 이제는 거의 말은 걸지 않는 편이다.

이 경우 작품의 팬들 사이에서 이미 '요우코'라는 호칭이 퍼져 있어서 그 호칭이 익숙한 탓에 벌어진 일이었는데, 이런 경우는 사실 나도 고민이 많다. 전에 애장판(기발간된 서적을 재발간한 작품) 번역을 맡은 적이 있는데 해당 작품의 고유명사, 즉 등장인물의 이름이 잘못 번역되어 있었다. 제법 오랫동안 많은 독자에게 사랑받은 작품이기에 애장판까지 나온 것인데, 고유명사 수정은 꽤 큰 수정이다. 사실 나도 덕후이기에 매우 염려스러웠다.

"내 최애의 원래 이름은 카즈키인데 만약 잘못 번역돼서 한참을 카즈토로 알고 있다가, 나중에 재번역하면서 맞게 수정한다고 카즈키라고 고쳐놓으면 낯설게 느껴질 거 같아. 그렇지?"

친구들에게 작품에 관한 이야기는 하지 않고 이런 식으로 설명하면서 어떻게 하는 게 좋을지 의견을 물어봤다. 고민이 많았는데 결국 그 작품은 원문을 따라갔다. 중간중간 평을 찾아보니 익숙해져 있던 이름에서 바뀌니까 너무 어색하다는 평을 종종 보긴 했다. 하지만 나는 이름은 작가의 의도가 들어가는 것이기에 맞게 번역하는 게 낫겠다고 판단했고 그때의 선택에 후회는 없다.

다시 리뷰 이야기로 돌아가서 유독 감사하고 기억에 남는 리뷰가 있다. 날짜도 기억하는데 번역가 초기였던 2017년도에 뭔가 힘든 일이 있어서 침대에 누워서 한참 침울해 있었다. 무슨 바람이 불었는지 평소에는 잘 이용하지 않던 인터넷 서점에 들어가서 내 번역작들의 리뷰를 훑었다. 누군가와 공감하고 싶었던 것 같다. 그런데 아무 생각 없이 스크롤을 내리다가 이런 리뷰를 발견했다.

'삽화가 예쁘다는 말에 혹했다가 역자가 소얼 님인 걸 보고 망설이지 않고 구매했는데……. 이 역자분이 정말 번역이 좋거든요. 마치 번역계의 누구를 보는 것처럼 TL계를 위해 나타나신 분이 아니신가 할 정도로 일단 이분 번역이 나오면 구매를 적극 고려하게 되는 것 같아요.'

지금 생각해도 울컥한 내용인데 그때는 정말 울었다. 안 그래도 마음이 약해져 있었는데, 어찌 보면 번역가는 작품을 보는 데 그렇게 중요하지 않을 수도 있는데……. 그렇게 리뷰를 써주신 것이 너무 감사했다.

가끔은 번역가의 노고를 알아주시고, 가끔은 번역가의 실수를 꼬집어 주시고, 가끔은 작품을 너무 재미있게 봤다고 기뻐해 주시는 독자님들. 번역작의 어떤 부분을 재미있게 봤다고 하시면 나도 '맞아요! 그 부분이 정말 재미있죠!' 하면서 공감한다. 나는 그런 공감과 감사를 원동력으로 삼아 계속 일하고 있다.

오랜만에 TL 소설을 번역하면서 거절해야겠다는 생각은 단 1초도 하지 않았던 이유는 바로 위에 언급한 저런 독자님이 어른거렸기 때문이다. 지금도 내가 번역했기에 믿고 보신다는, 그런 말을 들을 수 있도록 더 힘내고 싶다.

작가 일을 해보라고요?

　게임 회사에 근무한 적이 있다. 그것도 한국에는 몇 없던 여성향 게임 제작사였다. 참 지독한 덕업일치였다. 당시 회사는 구로구에 있었다. 서울 한복판에 등대가 하나 있는데, 그게 바로 '구로의 등대'라는 말이 있을 정도로 밤에도 회사의 불은 꺼지지 않았다. 즉 야근이 잦았다.

　약 1년가량을 근무했고 퇴사할 때 '소얼 씨처럼 오래 있어 준 사람 드문데 고마웠어요'라는 말을 들었을 때는 웃어야 할지 울어야 할지 알 수가 없었다. 생각해보니 내가 회사 다닐 때 몇 달만 일하다가 그만둔 직원이 떠오르는 것만 다섯 명은 넘는 거 같다.

　하고 싶은 게 있으면 직접 기획, 진행하는 자급자족이 기본이던 회사여서 배울 점이 많았고, 콘텐츠 제작 과정에 참여하면서 여러 새로운 인연을 만나 지금까지도 연락을 주고받는다. 정말 작은 업체였기에 나 혼자 일당백이었는데 대충 거기서 했던 일들은 다음과 같다.

- 성우 녹음 현장 참관
- 이벤트 진행 스태프
- 콘텐츠 수정 작업(나중에는 알지도 못하는 태그까지 수정했다)
- 콘텐츠 제작 작업(직접 게임 내에 들어가는 이벤트를 써서 넣었다)
- 콘텐츠 굿즈 제작
- 제작할 콘텐츠 참고 이미지 조사
- 버그 테스트
- etc.

일을 그만둔 후에도 회사에서는 나에게 콘텐츠 작가 일을 해보지 않겠냐고 제안했다. 그러나 곧 흐지부지됐다.

프로젝트 자체가 보류되기도 했지만 나한테 이런 평가가 내려왔다.

'소얼 씨, 수위가 너무 높아요. 우리 12세 이용가인데……'

나는 또 나대로 찔리는 구석이 있었다.

'헉, TL 소설을 너무 많이 봤구나!'

제법 합당한 의심이었다.

몇 년이 지난 후 기억이 가물가물할 즈음에 회사에서 연락이 와서 콘텐츠 작가 일을 했다. '캐릭터를 잘 아니까 나한테 맡기겠다'라고 하셨다. 작은 회사여서 하고 싶은 건 정말 내가 나서서 해야 했지만, 캐릭터 이벤트 등을 직접 집필하고 시나리오도 감수한 덕을 톡톡히 본 셈이다.

2021년에 맡은 작업은 게임 시나리오를 소설 형식으로 풀어서 쓰는 것이었는데 대화 위주인 시나리오를 묘사로 풀어내야 했다. 베이스가 있다 보니 다행히 수위 문제로 무슨 말을 들을 일은 없었다.

그렇게 그 일을 통해 '작가'라는 일에 자신감이 조금씩 붙었고, 일본 워킹홀리데이 경험을 바탕으로 공저한 『한 번쯤 일본 워킹홀리데이』를 비롯해 일본에서 일해 본 적 있는 사람들의 경험을 이야기하는『일본에서 일하면 어때?』를 마찬가지로 공저로 집필하며 조금씩 작가 부캐(부가 캐릭처)를 키워 가고 있다.

거절할 수 있을까요?

성인물 번역을 아예 맡지 않는 경우를 제외하고 수위나 기타 이유로 성인물 번역 의뢰를 거절할 수 있느냐? 물론 가능하다. 나도 딱 한 번이지만 거절한 적이 있었다.

해당 작품은 남성향 작품이었는데 각종 시추에이션과 함께 나를 충격의 도가니에 빠뜨렸다. 애초에 설정부터가 자극적이었다. 대충 '작은 기업의 딸이 회사와 직원들을 위해 대기업 회장의 비서로 들어가 그에게 봉사한다'라는 내용이었는데, 그 봉사가 무슨 봉사인지는 확연하지 않은가.

직접적으로 성애를 자세히 묘사하는 TL 소설조차도 저것보다는 덜 자극적이었다. 여성향은 애초에 빙 돌려서 묘사하는 경우가 많다. TL이나 BL이나 독자층이 여성이기 때문에 성기도 비슷한 단어로 치환한다. 예를 들자면 꽃이나 보석처럼 말이다. 좌우간 세상에 그렇게 수많은 장난감과 시추에이션이 있는 줄 난생처음 알았다. 사람 몸에 꽃을 꽂으면서 꽃꽂이라고 하는데 과연 어디에 꽂는지 아는가? 모르는 게 낫고 나도 알고 싶지 않았다.

처음에는 '나는 프로, 나는 프로'를 되뇌면서 참았는데 점점 수위가 높아져서 감당하기 힘들어졌고, 대체 언제 끝나는지 너무 궁금해져서 검색해 봤다. 나는 한 30화까지 번역했는데 일본에는 80화가 넘게 나와 있었고 그때는 정말 세상을 다 잃은 심정이었다. 결국 엄청나게 망설인 끝에 담당자이던 대리님께 장문의 편지를 썼다.

'대리님, 우선 갑자기 연락드려서 죄송합니다. 분명 성인물을 번역하게 될 줄 알았고, 번역할 수 있다고 하고 들어오긴 했지만 모 작품 같은 경우 도저히 제가 담당하기 힘들거 같습니다…….'

잘릴 것까지 각오하고 쓴 것이었다. 당황스러우셨을 텐데 대리님은 그 메일을 보시고 부드러운 말로 나를 위로해 주시며 해당 작품의 작업에서 빼주셨다. 사실 지금도 같은 대리님과 일하고 있는데 그때 일만 생각하면 얼굴이 화끈거리면서 죄송하고 또 감사한 마음이다.

성인물 번역을 거절한 건 그때가 처음이자 마지막이었지만 대리님은 지금도 너무 수위가 높은 작품이거나 사람이 많이 죽는 등의 잔인한 작품이 들어오면 미리 말을 해주신다. 혹시 이번 작품은 이러이러한데 맡기 힘드실 거 같으면 꼭 말씀해 주시라고 말이다. 이런 배려 덕분에 쭉 기분 좋게 일할 수 있는 것 같다. 이 자리를 빌려 다시 한번 감사드린다.

나에게는 소중한 일이에요

2019년부터 매달 적게는 두 번 많게는 다섯 번씩 블로그에 번역 일기를 쓰고 있다. 벌써 4년째다. 이제는 일상이 돼서 무슨 일이 생기면 쪼르르 달려가서 기록을 남기는 것이 자연스러워졌다. TL 소설 번역을 그만둔 다음부터 쓰기 시작한 거라 그때의 기록이 없다는 게 아쉽다.

물론 그 일기에서도 성인물은 상당한 비중으로 언급된다. 번역할 때의 버릇도 생겼다. んあ(응아)면 절대 응아라고 하지 않고 응앗이라고 번역한다. '응아로 하면 넣었다가 나올 거 같지 않나요? (뭘 넣었다가요? 이 대답은 상상에 맡기겠다)' 이런 성적인 농담도 제법 할 만큼 성인물에 단련이 되었다.

7년이라는 경력을 가진 만큼 그동안 수많은 번역가분을 만나왔고 그중에는 성인물 번역에 거부감을 가진 분도 물론 계셨다. 아무래도 성인물 대부분이 여성향이기도 하니 성향에 안 맞으면 그럴 수밖에 없을 듯했다. 나도 지나치게 수위가 높은 남성향 작품에는 약간의 거부감을 느끼니까 충분히 공감한다. 아예 딱 잘라 나는 '성인물 번역은 안 한다'라고 적은 분의 글을 봤을 때는 약간 쓰게 웃었다.

누군가는 하기 싫다고 거부할지 모르지만, 햇병아리 번역가일 때부터 이 일을 해왔고 이제는 오랜 동지 같은 사이다. 내 인생에서 성인물 번역을 빼면 상당히 휑해질 거 같다.

나는 이 일을 통해 많은 것을 얻었다고 생각한다. TL 소설 번역 경력으로 다른 성인물 번역을 맡게 되었고, 또 트위터 등에서 같은 BL을 좋아하는 동지분들과 친해지기도 했다. 참가자가 적었는지 출판사의 번역서 증정 이벤트를 공유하려고 리트윗했다가 내가 당첨되는 바람에 DM으로 '번역가인데 당첨됐어요'라고 한 적도 있다. 나에게는 그런 소소한 기쁨들이 함께하는 일이다.

물론 사람마다 인식은 다르지만 확실한 것은 성인물 번역은 나와 과거와 현재, 미래를 함께할 소중한 존재다.

Part 5

독자 질문 코너
성인물 번역, 그것이 알고 싶다

블로그와 트위터를 통해 번역 관련 질문을 받았고 감사하게도 질문을 남겨주신 분들이 있어서 질문과 답 코너를 마련하였다. 독자님들은 내가 하는 이 일에 어떤 의문을 품고 계실지 늘 궁금했는데 이것 역시 좋은 공부가 된 것 같다. 다시 한번 감사드린다.

▶ 익명 님

Ｑ 안녕하세요, 소얼 님. 블로그 구독자입니다. 여쭤보고 싶은 점은 첫 성인물 번역 업무를 받으셨을 때, 어떤 기분이었을지 궁금합니다! 평범하게 새로운 번역 일거리가 들어왔다는 기분이셨을까요, 아니면 당황 혹은 다른 기분이셨을까요? 저는 다른 직무에 속해있기 때문에 구체적으로 어떻게 업무를 배정받는지 잘 모르지만, 번역 프리랜서로 한창 일하실 때 성인물 번역 일을 해보지 않겠냐고 다른 회사가 접촉한…… 거죠? 그렇게 콘택트를 받았을 때 어떤 기분이셨을지 궁금해서 여쭤봅니다!

A 저는 성인물로 번역가 생활을 시작했습니다. 애초에 TL 소설(성애 묘사가 들어간 로맨스 라이트노벨)로 작업을 시작했고, 또 블로그에 남아 있는 흔적을 보시면 아시듯, TL 소설 오타쿠였습니다. 그래서 캐릭터 특성, 스토리성, 야한 정도를 비교한 리뷰를 아주 상세하게 매달 올렸었습니다. TL 소설을 내 손으로 번역할 수 있단 사실이 너무너무 기뻤고 영광이었습니다. 남들에게 밝히긴 힘들었지만 제가 좋아하는 것으로 제 번역가 생활을 스타트한 게 기뻤기에 이번에 이렇게 책까지 내게 되었습니다.

▶ 복숭아홍차 님

Q 책의 '일본 출판 - 번역 - 한국 내 출판' 과정 사이의 간격과 단계가 궁금해요! 물론 책마다 다르겠지만 대략적인 기간 및 어떤 과정을 거치는지가 늘 궁금했어요. 그리고 성인물인 만큼 성인물이 아닌 책과 비교하여, 이 일련의 과정 중 다른 점이 있나요? 있다면 무엇인가요?

A 저는 출판 과정에 대해서는 사실 잘 모릅니다. 외주로 일을 해서 출판에 전혀 관여하지 않거든요. 들은 바에 따르면 한국 출판사에서 작품을 선택해서 일본 출판사에 의뢰하면 답변이 오고 계약이 오간 다음에 작품의 번역을 번역가에게 의뢰합니다. 그 후로 표지 컨펌 등을 받아서 출간한다, 뭐 이런 과정인 걸로 알거든요. 성인물이라고 해서 크게 다를 건 없습니다. 다만 모자이크가 한국 기준에 맞춰서 다시 되죠.

Q 일본과 한국은 연령 등급을 선정하는 것에 있어서 그 기준이 다른 점이 있을까요?

A 저에게는 일본의 기준이 더 유하게 느껴집니다. 한국은 성애 묘사가 들어가면 무조건 19금인데, 일본의 경우 웬만한 건 19금 표시가 안 붙더라고요. 일본의 기준을 잘 모르겠는데 한국은 일단 성기가 나오면 19금이 붙는 거 같습니다. 실제로 서로 자위를 도와주기만 하는 장면이 들어갔음에도 19금이 붙은 적이 있거든요.

Ⓠ 신음소리를 번역할 때 팁이라던가, 자신만의 법칙이 있나요?

Ⓐ 신음소리는 그냥 대부분 비슷해서 특별한 건 없고, 응아만은 안 되게 합니다. 응아는 좀 이상하지 않나요? 힘주다가 다시 나올 거 같은데. 그래서 전 꼭 응아를 응앗으로 합니다. 저만의 규칙이에요.

▶ 메이 님

Ⓠ 일본어 공부는 어떤 식으로 하셨는지, 번역일을 하는데 도움이 되었던 다른 공부나 경험이 있으셨는지도 궁금합니다! 가장 크게 보람 느낀 부분이나 고충, 혹은 가벼운 직업병(?) 같은 게 생기는지도 가능하다면 들어보고 싶어요.

Ⓐ 안녕하세요! 일본어 공부는 원래 독학으로 했고, 지금

도 꾸준히 독학으로 하고 있습니다. 가능한 단어를 많이 외우는 게 중요하더라고요. 지금은 문제집이나 문법서 같은 걸 이용해서 공부하는데 전에는 그냥 만화책을 한 권 사서 깡으로 번역하는 식으로 공부했습니다. 일본에서 살았던 경험이 큰 도움이 되기는 했어요!

전에 어떤 분이 제 번역을 크게 칭찬해 주신 적이 있는데 그거 보고 울었습니다. 부끄럽지만 너무 감사해서 울었어요. 그럴 때는 이 일을 하기 잘했다는 보람을 느낍니다. 가장 힘들 때는 역시 실수했을 때죠. 저도 사람인지라 실수를 받아들이기 힘들 때가 더러 있습니다.

직업병은 자꾸 원서를 보면서 번역을 하고 있습니다. 아니, 번역해서 보는 게 맞기는 한데, 그냥 이해만 하고 넘기면 될 걸 가지고 자꾸 이건 이렇게 번역하면 좋겠다고 다시 번역하고 있습니다. 그냥 좀 즐기면 될 텐데 그게 쉽지 않네요. 또 모자이크도 유심히 관찰합니다. 우리나라는 다 지우는 건데 여기는 이렇게 지우네, 이러면서요.

▶ 달그림자 님

Q BL을 좋아하시니 번역하시게 되었을 때 느낌이 남달랐을 것 같은데, 처음 BL 번역을 시작하시게 된 계기가 궁금합니다. 또 번역료는 책 구매가 많아지면 번역가에게 더 들어오는 구조인가요? 아니면 권당 정해져 있는 건가요? 저는 주로 전자책으로 읽는데 사람들이 많이 읽는 인기 책일수록 번역가분들도 더 많이 돈을 벌게 되는 건지 급 궁금해졌어요.

A 제가 BL을 모를 때 첫 일을 받아서 사실 할 수 있을까 불안한 마음이 더 컸습니다. 2017년쯤이었나? 그때쯤 소설을 한 권 받았는데, 사실 출판사에서 레이블을 확장하면서 받은 것이라서 얼떨떨한 느낌이 강했습니다. 다행히 무사히 마치고 안도했던 기억이 납니다. 본격적으로 BL 만화를 많이 번역하게 된 건 2019년쯤에 BL을 전문으로 출판하는 출판사와 함께 일하게 된 다음부터예요.

번역료는 매절이라고, 권당 혹은 글자 수로 받고 한 번정산된 이후로는 추가 지급이 없는 경우가 대부분입니다. 순수문학이나 일반 교양서 같은 쪽은 번역가도 인세를 받는 경우가 있는 줄 아는데, BL 등의 장르물은 그렇지 않은 경우가 많습니다. 인기가 많다고 해서 돈을 더 받지는 않습니다. 인기가 많으면 그냥 제가 기쁩니다.

▶ R님

Q 일하는 공간과 쉬는 공간이 분리되어 있지 않고, 근로 시간이 정해져 있지 않으면 많이 힘드실 것 같아요. 하루 일정의 시간 관리 방법과 일과 휴식이 분리되지 않는 공간에서 작업할 때의 고충과 해결 방법(마인드컨트롤 등)을 듣고 싶습니다.

A 저는 작업을 거실에서 하는데 잠은 꼭 방에서 자려고 해요. 공간 분리가 안 되면 너무 힘들더라고요. 소파에서 한 달 정도 먹고 자고 일하는 식으로 생활한 적 있는데 피

로가 안 가셨습니다. 일단 그 둘은 꼭 분리하려고 애쓰는 편이고, 요즘은 꼬박꼬박 산책하러 나가면서 마음 달래고 있습니다.

새로운 무언가를 발견하는 걸 좋아해서 매일 동네 카페를 찾아다니면서 커피 한 잔씩 마시고 오면 운동도 되고 마음도 좀 안정되고 좋습니다. 집에만 있으면 너무 힘들어요.

Q 번역일을 시작하셨을 땐 이 직업을 지금만큼 오래 하실 거라 예상하셨나요?

A 원래 3년 해보고 안 되면 그만둬야겠다고 생각했는데 어쩌다 보니 벌써 7년이 지났네요. 그런데 정작 그만둘 위기에 처했을 때는 이대로 포기할 수 없다는 생각에 죽어라 거래처를 확보하고 다녔어요. 그러면서 산업 번역도 시작한 건데 그 후로는 반대로 일이 너무 많아져서 지금은 거의 하루도 못 쉬어요…….

Q 호러(공포) 장르를 작업하셨을 때 밤에 작업하는 게 좀 힘드셨다고 들었는데 성인물 작업하실 때는 밤이 편하시나요, 낮이 편하시나요?

A 성인물 번역은 새벽이나 오전쯤이 편합니다. 그 시간에는 가족이 아무도 집에 없어서 편합니다. 귀신보다 가족들이 BL 신 보는 게 더 무서워요. 호러 장르는 요즘 현관 등이 고장 나서 혼자 켜졌다 꺼지기를 반복해서 더 무서운 거 같아요. 낮에 보면 티가 안 나서 괜찮은데 어두울 때 보면 뭘 감지한 건지도 모르겠어요.

Q 마지막으로 출판물 심의 규정(?)상 편집되거나 순화 혹은 의역해서 번역하셨던 부분 중 기억에 남는 게 있으시다면? (또는 우리나라에는 없는 단어라 의역하셨던 부분)

A 그동안 수많은 단어가 잘렸죠. 저도 이제 뇌가 좀 절었는지 난교 정도는 국어사전에도 등재된 단어니 괜찮지 않을까 하고 그냥 난교라고 해서 보냈더니 출판사에서 귀신

같이 단체 ○○ 파티로 고쳐놨더라고요. 그 후로도 프리 ○○ 뭐 이런 걸로 계속 바뀌더라고요. 아니, ○○는 되는 거냐고! 아직 기준을 모르겠습니다.

원래 미성년자가 성인물에 나가면 안 돼서 계속 성인으로 바꾸는데 그건 출판사에서 하거든요. 그건 일상이다 보니 저도 어차피 고치겠네, 이러면서 그냥 두루뭉술하게 '너도 이제 고등학생이잖아' → '너도 이제 다 컸잖아' 이런 식으로 번역을 고쳐주고 있어요.

또 모 작품에서 '巣じゃねーかこれ！'를 '이거 완전 뿌리를 박았네!'라고 번역한 게 기억에 남아요. 마음에 드는 번역이었어요. 또 '泥臭い情熱'라는 묘사가 나오는데 '고전적인 정열'이라고 번역한 것도요.

▶ 샤라제 님

Q 성인물의 경우 효과음이 다양하게 등장하는데, 이걸 한국어의 어떤 의태어·의성어를 사용해서 번역해야 하는

지 의문이 생길 때가 많습니다. 해당 부분에 대한 번역은 어떻게 진행하시나요?

A 다른 책들을 보면서 많이 참고하는 편이고 상황을 보고 판단하는 편입니다. 예를 들어 질척한 소리라면 질척, 질퍽, 질꺽, 질컥, 철퍽 등을 씁니다. 특이한 경우가 아니고서야 모든 책의 의성어, 의태어, 특히 의태어는 비슷비슷합니다. 전에 까마귀 날아가는 걸 'カラスッ'라고 쓰신 작가님이 계셨는데 그건 '까마컷'이라고 번역해서 보냈고 그대로 반영된 적이 있습니다.

또 모 작품에서 고양이가 귀엽다는 표현으로 'きゅる～ん'이라는 효과음을 써서 '올망졸망'으로 번역한 적이 있는데 그건 저처럼 번역 일을 하는 동종업계 친구가 잘한 거 같다고 칭찬해 준 적이 있었어요. 요컨대 웬만하면 다 비슷하기 때문에 그 외의 경우만 조금 고민해서 보냅니다.

Q BL 등의 수위가 있는 작품의 경우 국내 출판법에 따라 고등학생을 대학생으로, 대학 진학을 대학원 진학으로 표

기하는데 그런 작품을 처음 배정받을 때 번역가님은 어떤 기분이셨나요? 지금은 어떤 기분으로 번역하시는지도 궁금합니다.

A 모르던 때는 저 역시 갑자기 애들이 대학에 가 있어서 당황하긴 했어요. 제가 처음 수정된 걸 본 건 '대학 진학을 하지 않고 일하겠다는 고등학생 공'이 등장하는 모 작품이었는데 부모님과 '내가 대학원을 안 나와서 얼마나 고생했는데! 대학원은 꼭 나와야지!' 이러면서 싸우는 걸 보고 정말 말 그대로 웃기고 슬프더라고요. 하지만 수정 없이는 발간이 어렵다는 말에 납득했습니다.

사실 제가 수정하는 게 아니기 때문에 수정에 별다른 느낌을 받지는 않습니다. 하지만 간혹 수정해달라는 요청을 받는데 그때 하필 수학여행 가는 장면이 나왔어요. 그걸 현장 실습? 단체 캠핑? 뭐라고 번역하다가 MT로 번역했을 때는 조금 허망하고 웃겼습니다. 나라현(일본의 지명, 사슴이 많기로 유명하다)까지 가서 사슴에게 센베를 주는 MT⋯⋯. 정말 건전하네요.

Q 출간본에 등장하는 유행어는 한국어 번역 시 뜬금없는 내용이 되기도 합니다. 이때는 (1) 의역 (2) 각주 중 어떤 방식을 선호하시나요?

A 사람마다 다르겠지만 저는 의역하는 편이고 의역이 도저히 불가능하다 싶을 때는 각주를 답니다. 사람 이름을 가지고 장난할 때는 고유명사를 의역으로 고칠 수 없기 때문에 각주를 달았습니다. 일단 유행어는 절대 쓰지 않으려고 합니다. 유행어는 말 그대로 유행어이기 때문에 유행이 지나면 뜬금없게 받아들여지기 마련이니까요.

전에 제가 번역한 작품 중 '전혀 없다'고 번역한 걸 편집자님이 '1도 없다'로 수정하고 발간해서 욕은 제가 먹은 적이 있어요……. ('1도 없다'는 바른 표현이 아닙니다) 그 이후로 유행어 번역은 더 조심하려고 합니다.

번역하고 있어요

　내가 성인물 번역을 하지 않았다면 지금 무슨 일을 하고 있었을까? 다른 번역? 회사 생활? A라는 길을 택하면 B라는 길을 버려야 할 수도 있다. 실제로 A를 택하고 B를 얻은 적이 많았고 말이다. 내가 B라는 길을 가면 그곳에는 또 다른 무언가가 있지 않았을까? 인생은 선택지로 이뤄져 있다는 사실을 통감하면서 살고 있다.

　하지만 나는 성인물 번역의 길을 가지 않은 나의 모습이 쉽게 상상이 가지 않는다. 햇수로는 7년, 10년이면 강산이 바뀐다는데 벌써 그에 근접해 있다. 좋아하는 일이 아니라면 이렇게 오래 하기 힘들었을 것이다.

그래서 요즘은 좋아하는 것을 점점 늘려가고 있다. 평생 본 적 없는 야구를 작업 때문에 보다가 친구의 영업이 부채질을 해서 야구 덕질이 화르륵 불타올랐다. 그래서 적극적으로 BL 하는 야구 만화를 번역하고 싶다고 떠들고 다니기도 했다.

유도 만화를 맡았을 때는 유도인들이 모인 카페에 가입하면서 가입 이유가 적절하지 않으면 탈퇴시킨다길래 정직하게 '유도 만화를 보려고 하는데 용어를 모르겠어요'라고 적었더니 승인됐다. 어째서? 게다가 가만히 있었는데 등업까지 됐다. 감사합니다? 꼭 성인물이 아니더라도 장르물을 맡다 보니 여러 스포츠나 문화 등을 접하는데 이런 새로운 만남이 너무나도 좋다.

재미있는 일도 꽤 있다. 전에 번역한 공룡 관련 도서의 한국어판 증정본을 받으신 일본 작가님이 '한국의 공룡'에 관해 트위터 팔로워와 이야기 나누는 걸 본 적도 있다. 그때 역시 덕후는 어쩔 수 없구나 싶었다. 출판사에서 자꾸 성기 모자이크에 작품의 페이지 수를 적어 보내줘서 웃은 적도 있다. 이런 재미있고 소소한 기억들이 정말 '번역가

하길 잘했다'라고 생각하게 한다.

또 작년에 덕질 관련 이야기를 나누는 라디오 방송에 출연한 적이 있다. 그때 너무 긴장하기도 했지만 워낙 말재주가 없어서 꿀 먹은 벙어리가 됐었다. 앞서 녹음한 다른 작가님들의 방송에서는 내 목소리가 전혀 들어가지 않았는데, 난 그때 한마디도 하면 안 되는 줄 알고 말을 안 한 거였다. 그러다가 결국 NG가 났지만 말이다.

아무래도 내가 하는 일은 글을 쓰는 직업이라 말은 별로 안 해서 그런가? 나는 정말 말재주가 없다. 그나마 재주가 조~금 더 있는 글 실력으로 이렇게 책 한 권을 엮게 된 것은 어디까지나 감사한 세나북스 최수진 대표님 덕분이다.

그 밖에도 책을 낸다고 하니 기뻐해 주신 분들이나 응원해 주신 모든 분께 진심으로 감사드린다. 정말 행복한 일이다. 이렇게 좋아하는 일을 하는 것뿐인데 많은 분의 응원을 받게 되다니. 부디 이 책이 읽으시는 분들께도 소소한 즐거움이 되시길 바란다.

2023년 4월
소얼

부록 – 성인물 번역 시 자주 쓰는 단어와 표현
[단어]

번호	일본어	발음	뜻
1	あられもない	아라레모나이	망측하다
2	いく	이쿠	가다(절정을 맞는다는 뜻도 있다)
3	いっぱいだ	잇파이다	뭔가로 가득 참, 빼곡하다
4	いやらしい	이야라시이	외설적인, 추잡한, 징그러운
5	エロい	에로이	야하다
6	お仕置き	오시오키	벌
7	かわいい	카와이	귀엽다
8	くそ	쿠소	쓰레기, 제길, 망할
9	ケツ	케츠	엉덩이
10	さらう	사라우	가로채다, 독차지하다
11	しんどい	신도이	죽을 거 같다, 힘들다
12	スケベ	스케베	변태
13	ちんちん	친친	남성의 음부
14	できちゃった婚	데키챳타콘	속도위반 결혼
15	ハマる	하마루	빠져들다
16	ほしい	호시이	원한다
17	やばい	야바이	위험하다
18	わななく	와나나쿠	전율하다, 부들부들 떨다
19	感じやすい	칸지야스이	잘 느끼는, 민감한
20	強がる	츠요가루	강한 척하다, 허세 부리다
21	告白	코쿠하쿠	고백
22	求める	모토메루	원하다, 요구하다

번호	단어/원문	발음	뜻
23	気が狂う	키가 쿠루우	미치다, 정신이 이상해지다
24	恋煩い	코이와즈라이	상사병
25	恋人	코이비토	연인
26	付き合う	츠키아우	사귀다
27	仕返し	시카에시	복수
28	手伝う	테츠다우	돕다
29	我慢できない	가만데키나이	참을 수 없다
30	顔がいい	카오가이이	잘생기다
31	歪む	유가무	일그러지다
32	濡れる	누레루	젖다
33	淫乱	인란	음란하다
34	入る	하이루	들어가다
35	入れる	이레루	넣다
36	助ける	타스케루	도와주다, 구하다, 살리다
37	初めて	하지메테	처음
38	最低	사이테이	최악
39	醜い	미니쿠이	추악하다, 보기 흉하다
40	恥ずかしい	하즈카시이	창피하다
41	脱がす	누가스	벗기다
42	抱きしめる	다키시메루	끌어안다
43	抱く	다쿠	안다, 동침하다
44	彼女	카노죠	여자 친구

번호	일본어	발음	뜻
45	彼氏	카레시	남자 친구
46	下心	시타고코로	흑심, 속셈, 음모
47	抗う	아라가우	저항하다
48	嘘つき	우소츠키	거짓말쟁이
49	穴	아나	구멍
50	好き	스키	좋아한다

[효과음]

번호	일본어	발음	뜻
1	ぐちゃぐちゃ	구챠구챠	물소리, 쿨쩍쿨쩍
2	ぱちゃぱちゃ	파챠파챠	물소리, 철썩철썩
3	とろとろ	토로토로	뭔가가 녹아내리는 소리, 흐물흐물
4	びくびく	비쿠비쿠	움찔움찔
5	ぱしゃ	파샤	사진 찍는 소리, 찰칵
6	ぎゅう	규우	뭔가를 꼭 끌어안거나 잡는 소리, 꼬옥 혹은 꽈악
7	なでなで	나데나데	뭔가를 쓰다듬는 소리, 쓰담쓰담
8	ドキドキ	도키도키	심장이 두근거리는 소리, 두근두근
9	ちゅう	츄우	입을 맞추는 소리, 쪼옥 혹은 춉
10	むらむら	무라무라	감정이 솟구쳐 오르는 느낌, 불끈불끈
11	ぐりぐり	구리구리	뭔가를 꾹꾹 누르는 느낌, 꾸욱꾸욱 혹은 문질문질

번호	일본어	발음	뜻
12	ぴゅるぴゅる	퓨루퓨루	뭔가가 막혀 있다가 한꺼번에 터져나오는 모양, 퓨웃퓨웃
13	こんこん	콘콘	문 등을 두드리는 소리, 똑똑 혹은 콩콩
14	ぞくぞく	조쿠조쿠	추위를 느끼거나 소름이 끼치는 모양, 오싹오싹
15	ぷくぷく	푸쿠푸쿠	뭔가가 부풀어오른 모양, 볼록볼록 혹은 탱탱
16	ぷりぷり	푸리푸리	만지면 탄력이 있는 모양, 탱글탱글

[문장형]

번호	일본어	발음	뜻
1	腰が/抜ける	코시가/누케루	허릿심이/풀리다
2	体は/正直だ	카라다와/쇼지키다	몸은/정직하네
3	全部/俺の/ものだ	젠부/오레노/모노다	전부/내/거야
4	一緒に/いこう	잇쇼니/이코우	같이/가자
5	キス/以上は/ダメ	키스/이죠와/다메	키스/이상은/안 돼
6	体が/熱い	카라다가/아츠이	몸이/뜨거워
7	悪い/ことは/言わない	와루이/코토와/이와나이	나쁜/말은/하지 않겠다 (의역하면 널 생각해서 하는 말이디)
8	そんな/はずが/ない	손나/하즈가/나이	그럴/리/없다
9	愛しています	아이시테이마스	사랑합니다
10	もう/無理だ	모우/무리다	더는/못 하겠다(힘들다)

말할 수 없지만 번역하고 있어요

1판 1쇄 인쇄　2023년 4월 10일

1판 1쇄 발행　2023년 4월 20일

지 은 이　소얼

펴 낸 이　최수진

펴 낸 곳　세나북스

출판등록　2015년 2월 10일 제300-2015-10호

주　　소　서울시 종로구 통일로 18길 9

홈페이지　http://blog.naver.com/banny74

이 메 일　banny74@naver.com

전화번호　02-737-6290

팩　　스　02-6442-5438

I S B N　979-11-982523-0-2 13730